THE REAL-LIFE MBA
商业的本质

［美］杰克·韦尔奇 著
苏茜·韦尔奇
蒋宗强 译

Jack Welch
& Suzy Welch

Your No-BS Guide to Winning the Game,
Building a Team,
and Growing Your Career

中信出版集团·CHINA**CITIC**PRESS·北京

图书在版编目（CIP）数据

商业的本质 /（美）韦尔奇,（美）韦尔奇著；蒋宗强译.—北京：中信出版社，2016.4（2024.1重印）
书名原文：THE REAL-LIFE MBA
ISBN 978-7-5086-5833-9

I.①商… II.①韦…②蒋… III.①企业管理 IV.①F270

中国版本图书馆CIP数据核字（2016）第 018449 号

THE REAL-LIFE MBA.
Copyright © 2015 by Jack and Suzy Welch.
Published by arrangement with HarperCollins Publishers.
Simplified Chinese translation copyright © 2016 by CITIC Press Corporation
ALL RIGHTS RESERVED
本书仅限中国大陆地区发行销售

商业的本质

著　者：[美]杰克·韦尔奇　苏茜·韦尔奇
译　者：蒋宗强
策划推广：中信出版社（China CITIC Press）
出版发行：中信出版集团股份有限公司
　　　　　（北京市朝阳区东三环北路27号嘉铭中心　邮编 100020）
承　印　者：北京通州皇家印刷厂

开　本：880mm×1230mm　1/32	印　张：10	字　数：160千字
版　次：2016年4月第1版	印　次：2024年1月第63次印刷	

京权图字：01-2016-0664
书　号：ISBN 978-7-5086-5833-9
定　价：49.00元

版权所有·侵权必究
凡购本社图书，如有缺页、倒页、脱页，由发行公司负责退换。
服务热线：010-84849555　　服务传真：010-84849000
投稿邮箱：author@citicpub.com

目录 THE REAL-LIFE MBA

导　读　管理之美在于亦步亦趋的践行　　V

中文版序　商业是探求真实、建立互信的过程　　XI

前　言　　XVII

第一部分　**商业篇**

第一章　让痛苦烟消云散　　003

第二章　越挫越强　　034

第三章　增长是王道　　060

第四章　错综复杂的全球化　　085

第五章　财务其实很简单　　104

第六章　如何做好市场营销　　123

第七章　大数据时代的危机管理　　148

第二部分 | 团队篇

第八章　领导力 2.0　　163

第九章　建立一个卓越的团队　　187

第十章　天才、流浪汉与小偷　　209

第三部分 | 职业管理篇

第十一章　我的生命应该如何度过　　235

第十二章　走出事业低谷　　257

第十三章　心若在，一切就在　　279

致　谢　　293

导读 THE REAL-LIFE MBA >>>

管理之美在于亦步亦趋的践行

沈博阳　领英中国总裁

仔细研读完《商业的本质》之后,只能用四个字来形容我的感受——酣畅淋漓。我之前读过杰克·韦尔奇的《赢》,在我看来这本新书类似于《赢》的姐妹篇。两本书给我的感受如出一辙,有一种大道至简的感觉,杰克在行云流水之间就把管理学的精髓简单而直接地刻画了出来。杰克把他在通用电气20年做首席执行官所积累的经验进行了高度浓缩,在他退休后的10年,杰克在全球各地巡讲帮助了很多企业成长,让很多企业家和创业者对商业的本质有了更为深刻和更新的认识。《商业的本质》对《赢》是一个非常好的延续和在某些方面的进化。

我是工程师出身,没有上过MBA(工商管理硕士),也没有受过正规的管理培训。我像早期的硅谷创业者一样，从8个人在一间会议室里创业，到最后发展为2 000人。一开始管理团队更多凭借的是创业的热情，以及本能的判断和悟性。但随着公司的日益扩大，组织结构变得越来越复杂，完全靠摸索的管理就会慢慢变得力不从心。那时候，我就开始阅读杰克·韦尔奇的管理学著作了，希望自己的一些困惑能够在他的书里找到答案。作为一名创业者，我有两段相对完整而又风格迥异的创业经历——从人员相对草根的糯米网到后来洋气了许多的领英中国团队，但在这两种风格反差极大的公司，我所面临的很多问题从本质上来讲都是相通的。我猜想，我所经历的这些挑战今天大部分的创业者和企业家也同样经历过，或正在经历，也许只是以不同的形式在不同的环境下体现出来。而这也就是我更加推荐这本书的原因，因为当你将真正面临的问题和书中的理论相互印证的时候，你会惊奇地发现，作者其实已经把你脑子里的困惑和不解进行了高度的提炼，并给出了相应的建议。

《商业的本质》可以打动我这样一名创业者，我想原因主要有以下两个：

• 不同于一般的作者，杰克是20世纪公认的最伟大的管理者之一，被《财富》杂志评选为"世纪经理人"。他所有的理论都是有实践基础的，实用性非常强，让人感同身受。对于我这样的企业家，自然会有说服力。

- 结构严谨，深入浅出。杰克把复杂无比的企业管理，浓缩成一个非常精炼但扎实的管理框架。看似简单，但涵盖了企业管理的方方面面。

管理是一门艺术，你很难掌握其中的精髓，一旦掌握了却又非常美妙。但同时，实践证明，管理能力是可以后天培养的，是可以学会的。《赢》那本书我反复看过不下 10 遍，这本《商业的本质》我相信以后也会看很多遍。无论是糯米网，还是领英中国，我的管理风格里面有很多杰克管理理念的烙印。比如，强调公司的使命和价值观；比如把培养团队、让下属成功作为己任；比如坦诚的沟通。商业的本质是一项团队运动，强调"团队"两个字。同时，既然是运动，目的就是要去赢。杰克带给我们更多的是赢的态度，是通过抓住管理学和商业上最本质的东西走向赢的路径。

如果我们以这样的维度来审视一个企业家或创业者当前所面临的竞争环境的话，也许很多困惑就如抽丝剥茧一般逐渐清晰起来了。根据杰克·韦尔奇的管理学理论，并结合我本人这些年在本土企业以及跨国企业的创业经历，我们不难发现，很多时候，一个在正常环境下运作的企业都会面临几个商业上最本质的问题。而一个企业家如果能够找到这些问题的答案，他就应该已经走在一条通往成功的路上了。在这里我暂且把这个理论称之为创业企业的三段论：

• 正确的赛道。创业者必须保证在一个正确的商业模式上运作你的企业。因为创业是个九死一生的游戏，很多事情是不可控的。但是有一件事情必须彻底想明白了才能开始，就是你选择的赛道是否正确。这点非常重要，因为一旦大的方向错误了，再多的努力也是白费，甚至执行力越强，结果越糟。

• 合适的团队。一旦找到了正确的赛道，要在竞争中脱颖而出就要倚靠一个合适的团队了。找到最合适的人，塑造最好的企业文化，激发出员工最大的潜能，才可能制定出正确的策略和计划，并付诸实现。管理这门艺术，更多的是在解决这方面的问题和挑战。

• 运气。谋事在人，成事在天。不仅仅是创办一家企业，一生中很多的事情都是如此。当我们把所有能够想到的，谋划到的事情都做到极致，也找到了最适合的团队同舟共济，剩下的就交给运气吧。我喜欢玩得州扑克，就算你前面几张牌的赢面是 99%，也仍然有 1% 被河杀的可能性。我们唯一能做的就是接受结果，重整心态，来日再战。

我认为能够从《商业的本质》里学到的更多是关于第二点，如何进行最科学的团队管理。人才是任何一家企业最重要的资源。把人管好是一门艺术，根据杰克·韦尔奇的理论，加上我自己的感悟，我在领英发展出了一套搭建团队的方法。

招人就是找到最好的人才。除了杰克·韦尔奇提倡的活力、鼓动力、决断力、执行力和激情，我还提倡正能量、普世的价值观、聪明以及相关工作经验。今天领英招聘的每一个员工我都要求他们符合这个标准。此外，在领英我们每个季度都会有一个管理层扩大会议，在会上我会特别鼓励一些有潜质的同事上来分享自己在某个领域的经验，让他们觉得自己是有价值的，是被公司重视的。另外我也会发一本书给每个参会人员，并要求他们在下次开会的时候分享他们的阅读体会。

管理是一门艺术，杰克说过的这么一段话让我印象非常深刻：
Before you are a leader, success is all about growing yourself. When you become a leader, success is all about growing others.

（在你成为领导者之前，成功的全部就是自我成长；

当你成了领导者，成功的全部就变成帮助他人成长。）

这段话在当年让我顿悟，也一直在激励着我努力成为一名更好的领导者。在笃定大方向没有问题的前提下，成功就是让团队成功，就是让团队中每一位成员成长。大家都成长了，公司一定会赢。师傅领进门，修行在各人。无论多好的理论，不去认真领悟，不去坚持修炼，也起不到很好的效果。希望大家能够认真阅读《商业的本质》，并坚持把书中的管理理念应用到工作中去。管理者的能力都提升了，我们国家提倡的创新创业才会有更大的成功基础。中信出版社所出版的杰克·韦尔奇的一系列管理学书籍，也非常契合领英所倡导的职场人的价值观，我也借这个机会希望每一位职场人多读书，读好书，持续地学习和自我提高。

中文版序 THE REAL-LIFE MBA >>>

商业是探求真实、建立互信的过程
杰克·韦尔奇、苏茜·韦尔奇

可以毫不夸张地说，我们在过去15年左右的时间内游历了整个世界。我这样讲其实是有据可依的。自2001年以来，我们到过38个国家的101个城市，有的是出差，有的是旅游。我们到过芬兰，参加北欧商业论坛（Nordic Business Forum），并发表演讲。当时是冬季，那里的森林一片萧瑟。我们还到过澳大利亚的悉尼，会见了当地的学生以及来自各行各业的商人，欣赏过邦迪湾清澈湛蓝的海水。我们到过的每一个地方都有令人惊叹的奇迹，都有令人感到神秘的地方，不但拓展了我们的思维，也触动了我们的心灵。

但我们永远都不会忘记最近访问中国期间受到的那种纯粹

的、永不磨灭的心灵震撼。当时，我们在商务行程之外抽时间去了一趟丽江。在宾馆经理的建议下，我们去了玉龙雪山，并观看了中国著名导演张艺谋创作的名为《印象·丽江》的大型实景歌舞表演。坦诚地讲，我们在纽约看了几十年的表演，因此，起初并没有抱多少期待。我们两人都觉得，难道还有比百老汇更好的表演吗？

但这场表演给我们带来的惊讶实在无以言表。在两个小时内，我们彻底震惊了！纳西族气势恢宏的舞蹈和美轮美奂的场景令我们完全沉醉。这场表演是在露天舞台完成的，它给我们内心带来的最大触动是，我们感受到崇拜和敬畏、兴奋和愉悦，以及沧桑和亲切。最后，我们请一名观众帮我们拍照留念，背景就是舞台布景和玉龙雪山。我们想拍下美丽的风景，但最重要的是，我们要留下当时激动兴奋的表情。这样的表演我们前所未见、令人难以置信。

那一刻，我们对当代中国的感受可谓百感交集。没错，中国作为全球地缘政治格局的一部分，目前的确面临着挑战，但每一个国家都是如此。更重要的是，我们为中国的未来感到兴奋，这主要源于以下几个方面：

第一，中国经济日益转型为消费驱动型经济，这令我们感到激动不已。过去，中国更偏重于重工业，很大一部分经济产出是用于出口的。但近年来，内需对中国经济的贡献稳步提升。中国中产阶级的壮大促进了中国经济的多元化，这完全是一种积极的现象。

第二，我们看到中国企业开始领会到缔造全球知名品牌的重要性。是的，中国在过去已经建立了一些全球知名品牌，最著名的例子或许就是海尔、阿里巴巴和华为。但我们一直认为，对于像中国这等规模的泱泱大国而言，仅有这三个响当当的全球知名品牌是不够的。我们最近在中国旅行期间，越来越多地听到中国的商业领袖表达这样的看法。如果这股能量可以充分释放出来，我们相信，新一代全球知名的中国品牌就指日可待了。

第三，越来越多的中国人梦想着成为企业家，像企业家那样去思考问题，并付诸行动。在我们游历过的每一座中国城市，这种现象都蔚然成风。比如，在深圳，我们遇到了一对年轻夫妇，他们开了一家教育咨询公司，其客户来自世界各地，拥有不同的知识背景。在成都，我们遇到了一位工程师，他设立了一家专门给工厂做财务审计和信用评级的公司，以期让跨国公司可以更轻松地在中国制造业遴选合适的合作伙伴。在上海，我们遇到了一位女性，她开了好几家画廊，迎合了外国人士对现代中国艺术的兴趣。这类例子俯拾即是，不胜枚举。我们到过的每一个城市都洋溢着企业家精神，这与十年前的景象迥然不同。它是希望的火炬，照亮了中国的前途。

最后，中国企业与其全球合作伙伴之间的互信氛围日益浓厚，这令我们感到激动兴奋。这也在情理之中，毕竟随着熟悉程度的加深，更容易形成融洽的关系。坦诚地讲，曾经有一段时间，中国企业与其外国合作伙伴的互谅互信程度非常低，这种融洽关系的缺失对议价谈判、管理决策等方面都有不利影响。但随着越来越多的合作关系趋于稳固、合资企业蓬勃发展，中外企业之间也有了更多的相互了解。我们喜欢这种态势，因为与中国企业为伴，可以让全球商业更为繁荣。反之亦然，全球商业的繁荣也会促进中国企业的发展。

不过，虽然中国有很多令我们感到激动兴奋的地方，但也的确存在一定的不足，我们对中国怀有一些美好的希望，希望中国企业可以比现在做得更好更大。我们的希望主要集中在人力资源管理方面。我们认为，"人"在一个企业谋求成功的过程中具有决定性的因素。根据我们的经验，很多中国企业利用自上而下的模式来管理，领导者就是老板，领导者的话就是法律。我们希望《商业的本质》这本书能说服你采取一种更加包容的、以团队为驱动力的人力资源管理模式。毕竟，要想获胜，还是要依靠强大的团队，而强大的团队离不开强大的队员。全球的每个国家都是如此，而且一直都是，从未变过。领导者必须创造一个集思广益的环境，让每个员工感觉自己的声音得到了倾听，感觉自己得到了尊重，让每一个员工参与企业发展过程。我们在游历中国，领略其国粹的过程中发现越来越多的中国商人开始接受这种管理哲学，我们希望这种大趋势能够持续下去。这是一条稳妥的制胜之策！

我们知道中国人喜欢"赢"。我们在丽江玉龙雪山看到的表演着实无言以表，其恢宏的气势和昂扬的风貌令人难以忘怀。中国这个国家也是如此。

2016 年 2 月

前言 THE REAL-LIFE MBA >>>

读者朋友们,大家好,我们在这里首先恭喜大家。你们读到了这本书,我们很高兴,但我们要恭喜的并不是这件事,而是恭喜你读完本书后,将更加深刻地理解"任何人都不应该单枪匹马地从事商业"这个事实。

商业归根结底是一项"团队运动",必须依靠团队的力量。无论你的公司规模是 5 人、5 000 人还是 15 000 人,无论你的公司是在美国印第安纳州的加里市生产钢铁,还是在硅谷的帕洛阿尔托市研究计算机代码;无论你是在一个没有窗户的小房间里刚开始创业三天,距离宏伟蓝图的实现还有十万八千里,还是在公司总部第 45 层的角落办公室里运筹帷幄,都需要集思广益,发挥团队的力量。

商业不是依靠"你"的一己之力,而是依靠"你们"的群策群力,你要尽最大努力去征求他人的建议和想法,获取他人的帮助。

如果你真正明白了这个道理，那真是一件值得庆贺的事。如果你正在读这本书，那么你在这一点上会认同我们的看法。在商业问题上，你永远不能停下学习的脚步。在商业运作过程中，我们必须以宽广的视野去统筹方方面面的因素，"科技"和"人"对商业产生的驱动作用非常显著，它既会受到全球化大潮的影响，也会受到本地因素的影响，因此，商业运作是一项非常宏伟的事业，前景难以预测。无论什么时候，你都不能说"终于大功告成，可以高枕无忧了"之类的话。虽然我和苏茜在商界摸爬滚打的时间加起来有 81 年了，但我们仍然在不断地学习，在这些年里，最近这 10 年是最开拓思维和令人振奋的。

没错，过去 10 年对我们而言是最富有教益的，接下来我将详细讲述一下为什么。自从我们上一本书——《赢》（Winning）于 2005 年出版之后，我们就走上了巡回演讲的道路。在长达 10 年的时间里，我们不停地演讲和写作，不停地提供商业领域的教学与咨询服务。在此期间，我们深度接触了数十家公司，每一家都在市场和管理领域面临着独特的挑战。我们曾经帮助一位中国企业家建立了一家促进外国企业与中国本地制造商实现对接的外贸公司，帮助智利一个家族酒庄实现了经营模式的转型，帮助凤凰城一个新兴的航空航天公司解决了何时上市以及如何上市的问题。上述这些经历以及其他方方面面的经历帮助我们深刻领悟了当今世界商业经营之道的精髓，窥见了商业经营过程中的艰辛与机遇。与此同时，我们在向100多万人发表演讲的过程中，尤其是在问答环节中，能够不断地倾听当代商界翘楚们的声音，真正了解他们在想什么以及在担忧什么。其实，早在2002年，我们就开始涉足私募股权行业，为众多首席执行官们提供咨询服务，也为数十家私募股权公司提供评估和咨询服务，帮助它们实现了良好的发展，其中涉及的行业包括医疗卫生、水处理、在线约会网站等。正是在这十来年间，我们成功建立了在线MBA教学机构，即斯特雷耶大学杰克·韦尔奇管理学院。现在，这个学院的学员规模已经壮大到了900人。他们都是商界的专业人才，工作地点遍布世界各地，具有丰富多样的职业履历，为我们提供了令人耳目一新的、令人兴奋激动的信息，从而拓展、深化和增进了我们对当今世界商业之道的理解。

如果说我们在写《赢》这本书时对商业有所了解，那么在写《商业的本质》这本书时我们对商业了解得更多了，也更深刻了，因为自那时起，商业环境已经发生了很大的变化，我们很幸运地能够紧跟时代的变化而不至于落伍。这并不是说我们在过去 10 年里学到的知识否定了《赢》这本书提出的原则与做法，恰恰相反，我们自 2005 年以来学到的知识对《赢》提出的原则与做法起到了拓展、更新和强化的作用，这种作用有时比较轻微，而有时却比较显著。

事实上，这 10 年是剧烈变革的时代，是激动人心的时代。当然，在某些方面，这个时代比以往任何时候都更具挑战性。这是不可否认的。说得委婉一些，今天的经济增速并不像以前那么快。各国政府对经济的干预程度大大加强了，全球范围内的竞争日益激烈，在新科技的推动下，世界发展得越来越快。

与此同时，当前这个时代里，创新成果日新月异，令人眼花缭乱。酷炫的新产品和新科技层出不穷，似乎一眨眼的工夫就有新产品、新科技出现在你的眼前。此外，企业和个人的工作方式也发生了巨大的变化。1925 年，时任美国总统卡尔文·柯立芝曾说："美国人民的首要业务是商业。"今天，近一个世纪之后，我们可以打趣地将他这句话引申为："世界的首要业务是商业。"几乎每一个人，几乎每一个地方，都在制造、销售、创造或修建某个东西。无论是个人还是企业，无论是小企业还是大企业，无论是老牌经济体还是新兴经济体，企业家精神都得以发扬光大。

在这个时代背景下,如果停滞不前,那么你就危险了。更准确地说,如果停止学习,你就危险了。

一种较好的选择就是不断学习,看看你的企业、团队和职业生涯发生了什么。这会让你激动不已,走上发展和成功之路。

我们的希望和意图是让这本书在学习之路上陪你一程。事实上,这本书将在你的学习过程中发挥很大的促进作用,因为它紧跟时代潮流,实用性非常强,便于即学即用。

你可能想用《商业的本质》来补充自己在传统课堂或在线课程上学到的MBA知识,而本书确实不会让你失望。不过,本书的作用不止于此。本书切合实际,不讲假大空的套话,深入浅出地阐述了商业方面的想法,书里所讲的经营技巧,今天学了,明天就能用到实处,因此,堪称商业领域最佳的基础读物之一。无论是谁,如果想找这样一本书,《商业的本质》无疑是最佳的选择。

你可能已经读完了商学院的课程,获得了相应的文凭,但你的知识与技能仍然有待完善。你也可能走到了职业生涯的某个阶段,比如大学毕业后找到了第一份工作,或第一次被提升到了领导岗位上,或开始在一家非营利性机构从事管理工作,或在一家新创立的公司担任首席执行官（首席执行官就是头号员工，努力实现这个目标吧），在这些阶段，了解一些商业管理知识是非常必要的。换言之，本书是为那些不想独自一人闯荡商海、希望汲取他人经验的人而写的。

现在，说了这么多，是否意味着这本书包含了你需要的一切商业管理知识呢？当然不是！我们建议你充分利用每一个可能的渠道充实自己，这些渠道包括同事、上司、电视、网站、报纸、会议、播客以及其他书籍。此外，还要在自己从事的行业里寻找值得尊重的专家，跟他们多学学。同时，也要关注与自己存在分歧的专家，借鉴他们的观点。

我们的目的不是将你打造成某个类型的专家，而是汇总当代商业经营之道的精髓，无论你正在从事哪个行业，或者希望将来进入哪个行业，都期望为你提供一个思考问题的大框架，帮助你理解现代商业的内涵以及如何做得更好。

为此，本书第一部分就是"商业篇"。在这一部分，我们探讨了各种类型、各种规模的企业应该采取哪些组织和运作模式才能在市场上出奇制胜。比如，我们探讨了它们如何才能充分调动每一位员工的积极性，使其围绕着同一个使命，采取具有高度协同力的行动。此外，我们还探讨了企业如何才能制定出永不褪色的战略，如何在竞争失利的处境下东山再起，如何在低速增长的大环境下实现稳步增长，以及如何激发企业员工的创新灵感（不仅仅是激发研发部门那些技术达人们，而是激发每一位员工）。这部分还分析了商业管理过程中的营销和财务问题。在这两个问题上，向来都是众说纷纭，莫衷一是，为人平添了几分焦虑和愠色，但其实没必要这样。最后，我们探讨了如何做好现代商业经营过程中一个极有现实意义的课题：危机公关。毕竟，在网络发达的现代社会，公众舆论的竞技场是谁也绕不过去的。

本书的第二部分被称为"团队篇"，包含了我们倡导的新型管理模式。这个模式其实包含了两个必要条件，这两个条件落实的难度都很大，却都很有必要。我们还发现，这个管理模式具有卓越的变革作用，企业采用这种模式之后，往往能够成功地实现良性变革。在这一部分，我们还描述了如何打造一支卓越团队，谈到了如何招聘人才、激励人才、培养人才以及留住人才。在这部分的最后一章里，我们探讨了如何管理"天才"以及如何与天才"共事"。"天才"所做的工作是你难以企及的，这种现象是很普遍的，因为在当前这个技术、脑力和专长日益重要的世界里，劳动分工也越来越深入和细化。这一部分还探讨了如何与远在异地的人共事。据统计，20%的专业人士都是异地办公的，而且这个数字还在不断上升。这种情况并不一定能让工作变得更轻松或更高效，我们将探讨哪些做法能改变这种局面。

本书最后一部分是"职业管理篇"，探讨的重点是职业管理。其中一章帮你回答"生命应该如何度过"的问题。另外一章探讨了"怎样才能摆脱职业炼狱"，最后一章探讨了你在职业生涯结束后应该做些什么。我们给出的答案当然不是"退休"，而你对此，可能不会感到惊讶。

我们认识到，一般的MBA课程并不包括职业生涯管理。总体上来讲，我们写这本书的目的就是为了揭示商界人士真正在想什么、说什么以及担忧什么，揭示究竟是什么事情使他们夜不能寐（可能你也是如此），以及什么事情使他们一大清早就投入了忙碌的生活。

从事商业经营，要聪明一些，要找对路子。只有这样，这个过程才充满乐趣，业务才能不断增长，生活才能越来越好。此外，还要学会凝聚团队的力量，不要单枪匹马地战斗。

在这里重复一遍，商业经营需要团队力量。

感谢你让我们加入了你的团队。

THE REAL-LIFE MBA　　第一部分　**商业篇**

第一章
让痛苦烟消云散

几年前,我们两个去拉斯韦加斯旅行。当然不是去赌博的,我们也不好这一口儿,而是参加国际购物中心协会举办的一次会议,并在会议上发表讲话。这个协会拥有6万名会员。

演讲时间定在第二天上午,因此我们抵达拉斯韦加斯的当天晚上就空出来了。如同其他游客一样,我们决定买张门票去看演出,其实我们两人之间,一人对此事很热衷,另一人虽不热衷,倒也觉得无所谓,因此也跟着去了。

那场表演真是太精彩了!50人的管弦乐队阵容强大,烟幕效果异彩纷呈,演员长发飘逸,演唱激情四射,伴唱演员吊在钢丝上，进行着令人瞠目的换装表演，整个演出真是美轮美奂！

然而，欣赏了不到一个小时，我们两人中的一个就睡着了。

后来，他被音乐声吵醒了，醒来后说的第一句话竟然是："比分如何了？"

短短的几个字就凸显出杰克是一个真正热爱体育的人，也是热爱商业的人。

体育和商业是一码事，不是吗？二者竞争都很激烈，充满乐趣，但做起来都很艰辛，而且都瞬息万变，是一个无休止的奋斗过程，需要战略和团队，需要细致的分析，总能给人带来惊奇。

此外，无论是从事体育，还是从事商业，选手们都是为了一个目标：赢！

为了"赢"这个目标，品牌经理及其团队会不厌其烦地讨论一个产品的定位问题，以便最大可能地提高销量；三位在大学期间建立友情的同学放弃华尔街的工作，建立了一家小型酿酒厂或推出一款新的应用程序；生产部门的经理可能一早醒来，大脑就开始思考如何才能提高产量；人力资源部的主管可能为了一个职位而花三个星期去面试六位应聘者，希望最终能找到

第一章
让痛苦烟消云散

一位近乎完美的人选。

为了"赢",人们每天从早到晚都在忙忙碌碌,努力让自己的生活更美好,努力让自己的公司更辉煌。人们一直在努力帮助自己的家人、员工、同事、客户以及所在的社区。

在工作中,人们的生命更有意义。当然,工作不是生命的全部。生命的内容是丰富多彩的,具有特定的深度和广度,肯定不仅仅局限于工作。但为了充实生命的意义,工作肯定是一个重要的途径。

正是由于这个原因,如果一个公司或团队绞尽脑汁,劳心费力,甚至偶尔还会发生争执之后却一事无成,那么这种情况简直太糟糕了。一事无成,就意味着没有进展,没有增长,没有胜出,甚至连个差强人意的结果都没有。

这种情况不是有效的竞争,不会带来什么乐趣,也不是高效的,不过徒增痛苦而已。

然而,这种情况太常见了。本书前言中提到,自2001年以来,我们在世界各地发表过演讲,听众大约有100万人,几乎每场演讲都设置了问答环节。这些人供职的公司,有的大,有的小,有的新,有的老,有的在重工业,有的在游戏行业,有的在零售业,有的在金融业。其身份包括企业家、公司高管、

MBA学员以及个人贡献者[①]。在这些问答过程中，有些问题总是被频频提起，比如"为什么很难将所有人拧成一股绳"。此外，还有人会描述这样一个工作场景：很多人虽然表面上属于同一个团队，但在想问题、办事情的过程中，似乎又存在这样那样的分歧，仿佛不在一个团队似的，从而给团队带来一些不利的结果。这样的现象不胜枚举：我们商学院拥有将近1 000名MBA学员，大部分都三四十岁了，在不错的公司从事管理工作，其中，大概三分之一的人都提到在工作中经历过这种"僵局"。

这种窘境实在太糟糕了，不过，这种情况不仅能改变过来，还能加以预防。而要做到这一点，只需要协同力和领导力。

协同力和领导力同样重要，事实上，我们甚至可以说二者相辅相成，缺一不可。

在开始本书的探讨之前，先分析一下这两个因素或许是最好不过的。

---

① 个人贡献者（individual contributor），通常指在公司内不需要管理其他任何人、能够独立发挥作用的角色。——译者注

协同力：时刻辅佐工作的进行

我们相信，对于阅读本书的大多数人而言，协同力的重要性是无须赘言的。这个理念在管理学界已经存在很久了，得到了无数管理大师、教授、专家和咨询顾问的推崇。

问题是，在现实中，各类企业不重视协同力的持续运用，也没有为了提升企业的协同力而制定一系列奖惩措施，以至于在提升协同力的道路上半途而废。

之所以出现这种情况，就是被"工作"，即没完没了的、令人讨厌的工作任务清单牵绊住了。

对此，我们是能够理解的。人们总是觉得应该把手头的工作摆在第一位，尤其是在今天这种严峻的经济环境下，更是如此。在一天之内，你可能同时面临多个问题，比如你遇到了一位脾气暴躁的客户，需要为新来的员工开展培训，竞争对手掌握了某项可能将你打败的新技术，以及推特上爆发了一场突如其来的公关灾难等等。

但事实上，如果你想摆脱工作中的痛苦，提升公司的协同力就是一条必由之路。在开始工作之前、工作进行期间以及完成工作之后，都要得到协同力的保障。协同力必须时刻辅佐工作的进行。

这就会促使我们提出这样一个问题：协同力究竟要协同什么？

答案就是：让使命、行动与结果协同起来。

"使命"决定着一个公司要抵达的终点，也就是说，你要去哪里以及为什么去。同样重要的一点是，如果要成功完成一项使命，还必须回答好一个问题，即："完成使命对于每个员工的生活意味着什么？"

"行动"是指员工思考、探索、沟通和做事的方式。使命不是挂在墙上招来灰尘、惹人讥讽的牌匾，也不是堆砌一些晦涩的、华丽的辞藻就行了。要完成使命，必须付出切实的行动。

"结果"是为了确保整个过程顺利推进。我们所说的结果，是指我们要根据员工是否认可使命、是否推动使命的完成及其工作效率来决定是否给予晋升和奖金。

对你而言，这些要素可能听起来很熟悉，觉得它们是不言自明的，因为我们前面讲过，协同力不是个新课题。也可能恰恰相反，你听起来觉得很陌生，因为在现实中，真正实现协同力的企业是很罕见的。

但无论哪种情况，我们都能向你保证一件事情：一旦具备了协同力，工作中就不会再走弯路或做无用功，而是会一往无前，过程中的痛苦也将烟消云散。

使命与行动

协同力是一种具有变革意义的力量，每个行业都有这方面的例子，这是毋庸置疑的，但在私募行业，这类例子尤其多。想想看，凡是进入私募公司法眼的企业，显然都是价值被低估的，要么是管理不善，无力应对不断变化的市场，要么是没有接班计划的家族企业，要么是被成功的母公司忽视的分公司，这些情况下的企业都存在着巨大潜力。

目前，确实存在私募公司交了好运的情况，它们或者发现了一个璞玉式的企业，略经雕琢，便大获其利，或者在其他私募公司为满足投资者财务预期而被迫出售盈利状况良好的企业之际，直接出手收购，然后坐享其成。但这些情况毕竟是少数，在大部分情况下，私募公司都是收购步履维艰的企业，然后劳心费力地为其寻找卓越的领导者。往往它们做的第一件事，也是最重要的事，就是提升被收购企业的协同力。

以荷兰VNU集团为例。①

2006年之前的10年里，该集团业绩虽不辉煌，却还算体面。到2006年，虽然该集团首席执行官罗布·范德伯格（Rob van den Bergh）在致股东的年度信函中表示自己对集团业绩状况感到满意（该集团旗下的资产包括《好莱坞报道》和尼尔森评级公司），认为集团是健康发展的，但其经营状况其实已趋于恶化。然而私募公司从中发现了尚未开发的机遇，一个由6家私募公司组成的财团斥资120亿美元将其强势收购，并聘请经验丰富的戴夫·卡尔霍恩（Dave Calhoun）出任该集团的首席执行官。

戴夫的职业生涯璀璨夺目，担任过多家大型企业的高管，年仅45岁便荣升通用电气公司副总裁，但入主VNU集团后，他忽然发现自己面临的品牌与产品非常杂乱，而之前从没遇见过这种情况。戴夫回忆道："我到那儿时，公司的使命是'我们是市场资讯的领导者'。这听起来很好，但它事实上意味着你只要在自己那一亩三分地上做好就行了，无法让员工产生大局意识。"

---

① VNU公司是全球最大的市场资讯服务与出版公司之一，于2007年更名为尼尔森公司。——译者注

第一章
让痛苦烟消云散

戴夫与其团队立即着手改变这种情况。他们放弃了"VNU"这个名字，改用"尼尔森"来命名整个集团，并明确表示，新的尼尔森集团的使命就是研究消费者喜欢看什么以及喜欢买什么。尼尔森集团要洞察全球消费者的审美视角与购物习惯，做到世界最佳水平。

这听起来令人激动不已，不是吗？

最好的使命陈述就是要这样，既目标远大，能鼓舞人心，又切合实际。

所谓"目标远大"，就像："哇，太好了，这个目标听起来太棒了，我要努力实现它。"

所谓"鼓舞人心"，就像："太好了，我知道如果我们努力去做，一定能做到。"

所谓"切合实际"，就像："这个目标听起来非常合理，我要和我的团队努力实现它。"

就这样，尼尔森集团迎来了破局。还记得吗，我们之前讲过，一个好的使命会让每一名员工知道自己应该做什么，能让所有人为了实现共同的使命而协同奋斗。它为人们描绘了美好的增长目标，包括产品增长、服务增长以及实现全球性的增长，并在此过程中为人们创造良好的职业发展机会。

接下来，我们再迅速地分析一个在制定使命方面颇有启发意义的例子，即纳尔科公司。这是一个多元化的工业企业，2007年被私募公司收购。2008年，私募公司雇用方华德（Erik Fyrwald）出任该公司的首席执行官。他接手的这个公司拥有12 000名员工，年销售额达到40亿美元，具有强劲的现金流，而增长情况却微不足道，其公司使命可以简明地表述为："我们从事水处理业务，这个业务很好。"

方华德上任后的头90天里马不停蹄地实地考察了纳尔科公司的各个业务部门，拜访了大量客户，以期为该公司找到一个制胜法宝，迅速推动变革，取得竞争优势。

令他惊喜的是，该公司6年前开发的一个产品让他看到了希望。这个产品是3D TRASAR系统，旨在实现水资源利用效率的最大化。当时，该公司已经完成了4 000套3D TRASAR系统的安装，并投入商业运营，深受客户欢迎。客户十分激动地告诉他这个产品如何节约用水，使他们免于遭受美国环保局的罚款。

方华德将这条消息带给了他的管理团队。他们看好3D TRASAR技术的前景，决定在两年内实现安装两万套的目标。这一雄心勃勃的目标给整个公司带来了莫大的激励。研发部门将改善3D TRASAR系统的性能作为工作重心，创造了26项专利，满足了客户需求，抑制了竞争对手的模仿。销售部门为业务员开展了新培训，制定了新目标，提出了新激励。同时，该公司还在印度新建了一个3D TRASAR系统服务中心，配备了40名"水大夫"，即水资源处理领域的工程师，这些工程师负责实时监控3D TRASAR系统在世界各地的运行状况，旨在先于客户发现并解决问题。

就这样，纳尔科公司的新使命便应运而生了："我们为纳尔科的客户提供清洁的水，帮助客户实现更大的经济效益，促进世界环境的持续发展。"

纳尔科公司是否在这一使命的鞭策下实现了两年内安装两万套的目标呢？当然！

方华德说："人们突然知道了自己为什么要来这里工作，这份工作既能帮助我们的客户取得成功，又能拯救世界，他们对此激动不已。他们看到了自己的未来，好创意层出不穷，你简直无法相信这是真的。"

这就是一个好使命的美妙之处。它能让每个人都集中精力，鼓足干劲。

在这个时候，行动的重要性便开始凸显了。

行动非常重要。如果说"使命"是一个公司要抵达的"终点"，那么"行动"就是"交通工具"，也就是抵达终点的方式。

我们都知道"行动"环节成为短板的情景，不是吗？比如，一个公司可能会滔滔不绝地讲以客户为中心，但实际上，它的一线员工却讨厌客户。好吧，也许不是非常讨厌客户，只是当客户妨碍他们做想做的事情时（比如耽误他们在下午5点前回到家），他们会用鄙夷的态度对待客户。或者一个公司不断地宣讲要加快新产品上市速度，但其经理层却不以为意，官僚作风严重，从而影响了使命的落实。或者一个公司可能大谈特谈创新的重要性，而一旦有人担着风险搞创新却以失败而告终，管理者便会将这些敢于尝鲜的人炒鱿鱼。

这些都是不好的现象。

让使命与行动实现无缝对接才是可取的。如果一个公司能够真正地落实以客户为中心的使命，那么其员工的一举一动都会表现出同理心。他们会将自己的手机号码给客户，以方便客户在下班时间联系到他们。他们会亲自受理客户关于服务质量不佳的投诉。如果公司允许，他们会将每一个新产品带回家亲自试试，以确保客户在使用过程中不会出现任何问题。

也许我们说得有点夸张，但是你明白我们的意思。使命和行动必须是同一个链条上密切配合的两个环节。

如果你之前读过我们的书或专栏文章，现在可能想知道为什么我们一直用"行动"，而不用"价值观"这个词。毕竟，在将近10年的时间里，我们在同样的语境下频繁地用到"价值观"一词，甚至你可能认为"价值观"是我们最喜欢用的词。

之前的确是这样，但我们发现"价值观"是一个令人费解的词。太抽象了。很多时候，人们一听到"价值观"，就觉得你可能在谈论政治或文化，如"家庭价值观"里面的内容。

我们在这里谈论的是人们在工作中应该采取什么样的行动才能实现公司的使命。我们在这里用的是"行动"一词，唯一的原因是公司的领导者需要以非常公开、非常清晰、非常一致的方式告诉员工怎么做才能完成公司使命。

回到尼尔森公司的案例。戴夫·卡尔霍恩在宣布了尼尔森集团的新使命之后，还宣布了三个有助于完成这一使命的行动。

第一个行动是：拥有开放的思维。委婉地讲，与之前的做法相比，这种做法标志着一种变革。戴夫解释道："人们认为我们是一个市场研究公司，那么，在市场研究公司里面，什么样的人才能成功呢？真正聪明的人！他们能够让自己的算法日臻完善，而且不希望其他任何人看到这些算法，以免遭到剽窃。"

"但如果我们要在这个领域占据主导地位、了解消费者的一切需求，就必须敞开心扉，拥有开放的思维，乐于接触来自各个渠道的数据，愿意与每一个人共事。"

第二个行动是：拥有整合数据的激情。戴夫相信，尼尔森集团要实现大发展，其员工必须拥有整合数据的激情。这种激情不仅仅局限于"喜欢"的程度，而是"热爱"。整合数据就是将来自各方面的数据放在一起加以综合对比分析的过程。这一过程之所以具有现实可行性，在很大程度上得益于大数据的爆炸式增加。

尼尔森集团之所以能够实现长足发展，还在于它能够将这些信息以简明易懂的方式传递给客户，让客户理解。因此，为推动尼尔森集团的成功，第三个行动就是：以简明易懂的方式向客户传递信息。

戴夫解释道："数字世界变得势不可当，海量的数据足以淹没你。"在这种情况下，人们往往能够接收到从不同角度对同一个案例进行的解读，但这样只会让每一个人晕头转向。戴夫说："如果我们能够以一种简明易懂、确凿无疑的方式为客户提出建议，我们将成为赢家。"（他们确实赢了。戴夫担任首席执行官的6年内，尼尔森集团的市值增加了两倍，是他上任伊始的3倍。）

第一章
让痛苦烟消云散

类似地，纳尔科公司的首席执行官方华德与其团队也确立了一系列落实新使命的关键行动。第一个就是要对节水拥有"圣战"般的热情。这种热情并不是让员工觉得"哦，节水听起来有点酷"，也不是让员工逢人便讲"我能告诉你我做的工作吗？我通过节水拯救世界"。

方华德解释道："我们要让员工每天早上一醒来打开电脑看到'仪表'时就激动不已。"他说的"仪表"指的是纳尔科公司内部网络上的一个显示终端，用来显示该公司在全球范围内的总节水量，也能显示出为每一位用户节约了多少水。

第二个行动是要对业绩增长拥有强烈渴望。这种增长不是个位数的增长。方华德断定，纳尔科公司的使命能召唤一批热衷于提升业绩的人才。这批人既要能发现之前被视为不可能的机遇，扩大客户群体，也要能开拓其他公司望而生畏的市场。2009年，在纳尔科公司所在的行业内，当大多数竞争对手由于害怕中国经济减速而徘徊不前之际，该公司却请一位能力高强、得到实践检验的高管去开拓亚洲市场，开拓新的增长点。这位高管将纳尔科公司的亚洲事业总部从舒适的新加坡搬迁到了上海，并在上海新建了一座办公大楼。这座大楼设施完善，里面包括一个客户及员工培训中心、技术研发中心以及营销中心等。

纳尔科公司总部还允许亚洲事业总部不断招募杰出人才，其中包括大批中国工程师，这些工程师们都希望通过帮助重型制造业提高水处理效率和生产效率来改善环境。亚洲事业总部的员工规模逐渐从200人增加到了800人。

在大力开拓亚洲市场的同时，纳尔科公司还大力发展石油和天然气业务部，为全球天然气、石油和石化行业提供技术领先的工艺处理方案和水处理方案，帮助客户提高产量和生产效率。(要提炼一桶石油，就要分离出四桶水，这些水经过净化之后排入大自然。)该公司不仅很快与在墨西哥湾从事深海钻探业务的客户扩大了合作规模，还成功地与更加遥远的客户建立了新的、高效的合作关系，这些遥远的客户来自西伯利亚西部、哈萨克斯坦、阿塞拜疆、尼日利亚、安哥拉和马来西亚。方华德说："我们石油和天然气业务部的领导者是企业家精神和追求业绩增长的典范，是一个令人难以置信的模范角色，他和他的团队心往一处想，劲儿往一处使。"

显然，方华德和公司内部的很多人的坚定信念产生了积极的结果。到2010年，纳尔科公司的营业收入和盈利双双实现了两位数的增长率。

让"结果"证明一切

有了"使命"和"行为"之后，剩下的就看"结果"了。或许这个词听起来具有一定的惩罚意味，但实际上并非如此。可以肯定的是，有些结果是负面的，比如"降级"或"撤职"。但更加常见的结果是积极性的，比如"晋升"和"发奖金"。不过，无论最后是哪种结果，我们的目标都是相同的，即为了确保"使命"得到落实。你可以不厌其烦地向他人讲述你对于使命和行动的要求，但如果没有一个固定的落实机制，你的要求便无法落到实处，就像树林中的一棵树倒了，却无人听到。

没有落实机制的保障，你的话谁也听不进去。

在处理负面结果时，争议最大的一个机制显然就是解聘员工。大部分领导人都不喜欢这么做，如果他们是正常人的话。不喜欢解聘员工也在情理之中，但有时候，如果下属的所作所为明显背离了公司的宗旨，不符合公司的行动模式，那么无论对公司而言，还是对下属而言，分道扬镳或许都是必要的、最佳的选择。

比如，尼尔森集团的首席执行官戴夫·卡尔霍恩就曾经在迫不得已的情况下辞退了一个颇受欢迎的经理人。这位下属资历深，但思想保守，认为集团不应该，也不能将整合数据作为业务重点。戴夫喜欢这么做吗？当然不喜欢，但他这么做是正确的，这位经理人的出局对其他员工起到了一种教育和警示作用。在尼尔森集团的一次年会上，戴夫没有遮遮掩掩地说"某某人离职是为了多陪陪家人"，而是公开地解释了自己所做的那个决定。他直截了当地说："我必须明确哪些做法是可以接受的，哪些会受到嘉奖。"

纳尔科公司的方华德也遭遇了类似的情况。当他阐明了公司使命以及为了实现这些使命而采取的行动之后，就不得不想办法对付一大批持有不同看法的下属。一种常见的抵制意见认为，"那一套之前尝试过了，不适合纳尔科"。于是，在纳尔科公司，也出现了大规模解聘的现象。方华德要求众多高管让贤，在职位最高的100名高管中，超过一半的人被迫让位，空缺由来自公司内外的候选人填补。如同戴夫一样，方华德也不喜欢这么做，在整个转型过程中，解聘高管是方华德最不忍直视的一幕，但作为偌大一个公司的掌舵人，他不可能在转型进行到一半的时候再去乞求那些根深蒂固的反对者改弦更张。

这样做的意义就在于，一次人事变动比100次讲话更能有力地表明某些行动是否重要以及哪些行动是重要的。

当然，在提升协同力的过程中，完全可以把人事变动作为一种积极的激励手段。哪些人在落实使命的过程中行动给力，就予以晋升，这样就会传递出强烈的信息，对整个公司将是一种莫大的鼓舞。发放大额奖金也是一种积极的鼓励手段——金钱最有发言权，向来都是如此。

然而，在绝大多数情况下不需要采取人事变动或发奖金的形式，只需要建立一套完善的绩效考核和奖励制度就足够了。

建立这样一套制度不是很复杂，也不必投入高昂的成本，只需尽可能地触动员工的内心就可以了。这是必要的，而且这种触动每年至少要有两次！经理们要本着开诚布公的态度与员工谈话，分析一下员工在公司中所处的位置。比如，经理人可以说："你帮助我们完成了使命，不过在有些方面你还有提升的空间。你的做法正是我们所需要的，不过在有些方面你可以做得更好。你的工资、奖金和前途反映了我刚才说的内容。"

就是这样，这就是协同力的意义。听起来很难做到吗？

其实不是很难，而且你在现实中可能经常遇到这种情况。如果我们问听众："你们中有多少人知道自己在公司中所处的位置？"能有10%到20%的人举手，已经算是幸运了。我们的孩子与他们20岁左右的朋友供职于受人尊敬的公司，但从来没有受到过绩效考核。其中,有一个女孩子的工资涨了不少,她不明白为什么,就去问上司,而上司只是简单地回答道:"一切以绩效说话。"就说了这么多。

如果是我们听了这个解释,可能不禁会尖叫欢呼(她当时的确也想这么做)。

如果一个公司领导者任由公司使命摆在那里,等待别人去理解、去实现,那么公司就会错失很多大好机遇。领导者应该阐明使命,明确指出员工应该采取哪些行动,然后评估和奖励那些表现出色的员工。

这些说得容易,做起来并不简单,因为我们永远也不会把话说得那么明确。虽然提升公司的协同力并不是彻底洗脑,却仍有很多的公司领导者避之唯恐不及,就是因为他们相信"洗脑说"。然而,如果一个公司没有协同力,它就不会健康。

提升领导力,从今天做起

现在,就让我们把目光转向实现协同力的一个大前提——领导力。

正如我们前面提到的那样,领导力对激发协同力、消除工作中的痛苦具有关键作用。事实上，在绝大多数情况下，如果一个停滞不前的公司想要焕发出新的领导力，那么管理者就必须重建公司的使命、价值观以及结果评价体系，这两者绝对是密不可分的，必须相辅相成。

在这本书的后面，我们将用一章的篇幅去讲领导力。事实上，我们将根据自己的全部经验和观察提出一个新的、全面的领导力模型。该模型对领导力的定义就是不断地探求真实和不断地建立互信。

但现在，我们讨论的是如何消除工作中的痛苦，因此，我们先来谈谈有助于探求真实、建立互信的关键策略。具体地讲，就是五个最为迫切的行动步骤，因为如果你的公司死气沉沉、原地踏步或者由于其他原因而未能充分发挥出潜力，那么你就必须想办法解决现有的问题。你不能把问题拖到明天或下周。

你必须从今天做起！下面是具体做法。

第一，领导者要体谅下属

如果一个公司里面有一位傲慢浮夸、妄自尊大的经理，那可能是最糟糕不过的事情了。他可能像个小将军一样，在公司里颐指气使地走来走去，对助手吼来吼去，似乎他的全部工作就是给下属开会以及为上司筹备会议。此外，这样的经理经常躲在象征着优越地位的角落办公室里，就连鸡毛蒜皮类的闲事都要插嘴干预。在历史上，比如在麦迪逊大街和底特律似乎就是宇宙中心之际，这种张扬的做派是非常普遍的。那个时候，这些经理相互抱团，只有在该吃午饭时，他们才愿意离开舒适的办公室，而且是只和其他经理一起吃饭，而不是和下属一起。你会认为这类人现在已经不存在了，但令人伤心的是，这类人根本没有消失。在过去10年间，我们见过很多这样的人，跟历史上的情况一样，不胜枚举，只不过现在这些人更善于将自己隐藏在技术精英的表象之下罢了。

除了上述这类高傲不羁的经理之外，还有两类人是公司的噩梦：一类是胆小怯懦、工作上畏首畏尾、满口陈词滥调的人；另一类是碌碌无为、无所事事的人。你不禁会怀疑这些人为什么每天还要出现在公司。

这些情况是令人抓狂的。如果你想提高协同力，迎来良好转机，那么你要立刻行动起来，摆脱这些境遇，真正同下属接触，了解他们，关心他们。事实上，好领导就像好教练，自己站在场外，看到队员有了出彩表现时，会无法抑制内心的激动，情不自禁地欢呼雀跃，当选手们走出赛场时，他们会不顾选手浸满汗水的衣服而给予热情的拥抱，他们还知道如何跟每一个队员打交道才奏效。

我们甚至可以更进一步地认为，最优秀的领导者在涉及利益时应先人后己。这个理念使我想起了高乐高集团首席执行官唐·克瑙斯（Don Knauss）接受采访时说的话。这篇采访的文稿刊登在《纽约时报》上。克瑙斯回忆起20多岁时，他加入了美国海军陆战队，驻扎在夏威夷。他说："有一天，我早上5点就起来了，该吃午饭时，早已饿得饥肠辘辘，于是快步走到其他士兵前面。这时，一位炮兵军士拍了拍我的肩膀，我回过头去。他对我说，'在野外拉练的时候，应该让作战部队的士兵先吃。有剩下的，你才能吃'。我说，'好的，我记住了，应该先考虑别人，而不是自己优先'。"

这是一个多好的故事啊！伟大的领导者用语言和行动建立互信和公信力，这些语言和行动无论事关大局，还是细节上的，都会一次又一次地证明领导者尊重下属，以下属为荣。

这听起来是不是有些难以接受呢？有时的确如此，尤其是当涉及真实利益时，人们可能难以理解为什么要优先考虑下属，但如果你想让你的团队成为最终的赢家，你就应该这么做，这应该成为你永恒的选择。

第二，领导者要将自己视为"首席解释官"

你认为戴夫·卡尔霍恩和方华德成为各自公司掌舵人之后的 18 个月里，会多么频繁地谈到公司的使命和需要的行动呢？你认为他们每天谈一次吗？不，他们每一次与公司上上下下的人谈话，都会谈到这些。这种过度沟通是有必要的，不仅仅在你即将启动一个变革进程之际有必要，而是永远都有必要。

在很大程度上，领导者存在的意义就在于让团队找到正确的目标，并持之以恒、充满激情地向下属解释这个目标，告诉他们我们正处于什么境地，为什么会这样，我们将奔向什么目标，你在此过程中的位置是什么，你应该做些什么。

哦，我再提醒一下，你要多解释几遍，以便让下属更好地理解。

请记住，你的下属每周用于工作的时间只有 40 个小时。这是他们的一种投资。如果你没有帮助他们最大程度地实现这些投资的价值，那么你就是在浪费他们的时间和生命。然而，我们知道能做到这一点的领导者其实并不多。谁喜欢不厌其烦地解释同一个事情呢？准确地讲，谁也不愿意，但如果你想吸引下属的注意力，表明你对下属的关怀，那么这样做是很有必要的。不仅在与下属的关系中有必要这么做，在其他任何一种真实的人际关系中也有必要重复性地讲述一件事情，以便让别人更好地理解自己的意思，同时这也是重视别人的一种表现。

此外，不仅仅顶尖的公司需要这样一位"首席解释官"，任何一个公司，无论规模大小，其每一位管理者都有责任这么做，甚至每一个团队的领导者也有必要这么做。这样才能创造良好的氛围，让每一个人更好地理解公司的目标。请想一想，如果每一个人都理解了，那将催生出多么大的影响力和协同力啊！

第三，领导者要为下属的前进道路扫除障碍

你看过冬奥会上的"冰壶"比赛吗？虽然我们尊重那些为这项运动奉献一生的运动员们，但不得不承认，这项运动看起来很奇怪。一名选手掷球时，另外三名队员在冰壶滑行的前方快速左右擦扫冰面，使冰壶能够准确到达营垒的中心。那些擦扫冰面的选手所做的事情就是竭尽全力地扫除一切影响冰壶接近目标的障碍。其实，优秀的领导者也应该如此，竭尽全力地帮助下属扫除前进道路上的障碍。

我这样说，听起来似乎有点像大多数公司里面非常盛行的官僚主义式的废话。在这些公司里面，很多规章制度存在的意义往往只是为那些执行规章制度的人创造就业岗位。当然，我们说的并不是那些必须遵守的法律、安全领域的规章制度，我们说的是那些阻碍进步的繁文缛节。很多管理人员可能会因为一些小事打击下属的积极性，给下属的前进之路制造障碍。比如，公司的首席财务官可能会说公司去年的业绩不好，大家的工资只能上涨2%。信息技术部的经理更加倾向于按照既定流程做事，而不愿意创新，或者更加愿意收集数据，而不愿意分析数据。公司的律师可能会提出各种理由去说明某些创新的事情不能做。

优秀领导者的职责就是扫除这些负面因素。

要积极清除这几类起到负面作用的人，其中包括阻碍行动者、抗拒变革者以及墨守成规者。这类人的口头禅可能是"我们现在不能这么做"、"我们过去没这么做过"等等。有时候，容忍这些人是没问题的，但记住，只是"有时候"，因为这些人会帮助公司保留一些往日的记忆，也会削弱那种不问内情就默许的文化，但大部分时候，这些人不过是一群自命不凡、自高自大、只知道训斥下属的人。他们的存在只会浪费下属的时间，只会打消下属工作的积极性。优秀的领导者能够认识到这一点，并且会拿起扫帚，扫除这些人，通过实际行动去证明自己的认识。

第四，领导者要愉快地展示"慷慨基因"

一个人是否慷慨，究竟是由先天性的"慷慨基因"决定的，还是后天习得的呢？科学家可能会告诉你人类是否存在这种慷慨基因，但就我们在这里的讨论而言，慷慨基因是否存在并不重要。我们只知道最卓越、最有效、最令人惊叹的领导者都有一个明显的特征：他们喜欢给下属涨薪。他们很高兴看到员工成长和晋升。他们会尽己所能地用各种方式庆祝下属的进步，比如给下属涨薪，予以晋升，赋予更多职责，或当众表扬。这些领导者做这些事情的同时，自己也会感到激动兴奋。比如我们知道这样一位经理，他与一位下属一起做个方案，密切合作了几周的时间，但进展不是很顺利，即便他培训了那位下属好几个小时，下属仍做不出他期待的业绩。后来，有一天早上，那位下属疲惫不堪地迈着沉重的脚步去上班，对这位经理说："我熬了一夜，请查看下您的邮箱。"这位经理打开邮箱之后，发现附件里是一个近乎完美的方案。这位经理顿时很激动，兴冲冲地跑出办公室，对这位下属喊道："你做得很好，你做得很好！"他之所以喊得这么大声，是想让每一位下属听到。这种发自肺腑的慷慨赞扬会激发下属的自信，使他们以更大的积极性去服务客户，为团队做贡献。

有时人们会问我们慷慨基因是否普遍存在，这是一个很难回答的问题。我们的确见识过这种基因，因为我们毕竟曾经在一些优秀的公司工作过，也曾经与一些优秀的公司合作过，这些公司往往存在着"慷慨"的公司文化，具有这种心态的经理会受到鼓励和嘉奖。但从整体来看，具有"慷慨"意识的领导者可能并不常见。相当一部分的领导者不喜欢用涨薪或晋升的方式奖励下属，可能由于先天或后天的原因，他们都是财务或情感方面的吝啬鬼。为了凸显自己的高大形象，他们往往不愿意慷慨地表扬最优秀的下属，而是选择将自己的看法隐藏在心里。比如，我们的一个朋友因不满足于自己晋升的速度而从一家大型媒体公司辞职了，但在与人力资源部的人进行离职面谈时，她得知她的经理其实非常赏识她，认为她是潜力最大的员工。

这位经理从没有批评过我们这位朋友，但也没有充分表达过欣赏。这位朋友告诉我们："我觉得他从没对我说过一句好听的话。每年我涨薪的时候，他也没解释过为什么。直到我离职前，才从人力资源部的人那里得知我的涨幅是整个公司里面最大的。"

这位朋友的经历可能很常见，但我们希望这种现象不要那么多，因为没有什么比领导者发自肺腑的慷慨（既包括慷慨地给予表扬，又包括慷慨地给予涨薪）更能提升员工业绩和忠诚度了。

第五，领导者要确保让下属快乐工作

"为什么人们不能快乐工作呢？究竟哪里出了问题呢？"这是一个令我们非常困惑不解的问题。换句话讲，当工作困难重重、举步维艰、枯燥沉闷时，为什么那么多人都认为工作仅仅是工作，而不能从中获得乐趣，这是为什么呢？

其实，这种想法会给我们带来很大的负面影响。

很多人把工作与生活分开。其实，正如我们之前所说的那样，工作是生活的一部分，可能不是生活的全部内容，但它在生活中占据着重要地位。正是由于这个原因，如果你是一个领导者，你就应该让你的工作场所充满乐趣。如果你的办公场所就像亨利·大卫·梭罗在《瓦尔登湖》里面描述的那样，弥漫着"悄无声息的绝望"，那简直太可怕了，这对公司的业绩将造成毁灭性的影响。

其实快乐工作是非常有益的。无论对于公司而言，还是对于个人而言，快乐工作都是有利于促进健康、有利于振作精神的。我们敢打包票，99.9%的经理都认同这一点，但这个数字只是停留在抽象的理论层面，实际上他们并不一定会这么做。很多经理一到办公室，立刻"吸"走了原有的快乐，有时是因为这些经理发表了某些负面言论，对下属缺乏坦率态度或喜欢支配下属；有时是因为这些经理认为快快乐乐就是不严肃的，而工作需要拿出严肃的态度；有时仅仅是因为这些经理没有认识到自己有责任创造快乐的工作氛围。

事实上，这就是经理的职责。要知道，下属为了工作而奉献出了白天的时间，有时还奉献出夜晚的时间，付出了自己的脑力、体力和情感。没错，公司给他们发了工资，充实了他们的钱包，但作为一个领导者，你还需要充实他们的灵魂。你要体谅下属，让下属的工作充满意义，为下属的前进道路扫除障碍，并展示出自己的慷慨基因。你可以做到这些，为下属创造一个让他们激动、快乐的工作环境。

该怎么做呢？选择有很多种，操作起来也很轻松有趣。如果发生了一些里程碑式的事件，如果下属取得了小小的成功，那就举行一个庆祝仪式；提倡幽默和坦率，让员工展现出自己真实的一面；一旦官僚主义开始抬头，就立即想办法解决掉；消除那些阻碍进步的因素；在办公室之外，与下属聚一聚。谁说上司和下属不应该成为朋友呢？你为什么不想跟朝夕相处的人做朋友呢？

没错，我们深知工作中有时会存在困难和压力，这些都是难免的，但领导者不能让这些成为常态。即便在困难时期，也要让下属喜欢工作,这是领导者应该做到的。

在本章伊始,我们就指出私募行业的很多例子都能说明协同力与领导力对公司具有强大的变革作用。

但我们要明确地解释一个事实,即无论对于哪一类苦苦挣扎的公司(或公司内部的部门)而言,从家族经营的餐馆到全球性的科技巨头,这两种力量都会起到力挽狂澜的作用。当然,停滞也是很常见的,因为人毕竟会出错,他们的公司也会为此付出代价。

我们没有说消除工作中的痛苦是毫不费力的,其实要做到这一点,也不是很容易,但这肯定是可以实现的,而且实现的速度可能比你想象的还要快。

第二章
越挫越强

不久前,我们两位作者中的某人到车库里寻找一包旧的高尔夫球杆。先说明一点,这里的主人公不是在拉斯韦加斯听着音乐会入睡的那位。这是我们最喜欢的球杆。坦率地说,找到的希望并不是很乐观,因为我们的车库堆满了大大小小的箱子,而且这些箱子一旦进入车库,就再也没有挪动过,只是任其杂乱地堆在那里。然而,令人惊讶的是,这位主人公在其中一个箱子里居然找到了那套球杆。找到之后,她迅速起身,结果一头撞上了从墙上伸出来的架子。

这位主人公痛得直叫"哎哟",声音之大,整个街区好像都

第二章
越挫越强

能听到。

看，这就是突然遭遇创伤引发的极度疼痛。首先，这种痛是真真切切的，是那种让你眼冒金星的痛。除了疼痛之外，还有震惊。你不禁想问："这种事怎么能被我碰到呢？"

只有到后来，通常是肿胀消下去之后，你才会说："这次意外创伤让我接受了教训，我不会让这种事再次发生。"

生活充满了意外创伤，商业经营过程中也是如此。

比如，一位重要客户可能会在月度业绩报告会上指责你，并提出一连串的抱怨。在向市场推出某个新产品之前，你可能预测每周销量为1 000件，但结果可能只有500件、250件或10件。你最大的竞争对手收购了第二大竞争对手，他们的销售团队强强联合之后，开始觊觎你最优质的客户。你在数字技术方面的合作伙伴可能会终止与你的合作，在两个星期后终止你的秘密营销渠道，而这种消息对你来说可能是晴天霹雳。此外，某位客户在你的一家分店遇上糟糕服务之后，在推特上发的抱怨贴可能会给你招来一连串暴风骤雨般的负面评论。

然后，你可能还会遭遇更加严重的创伤，就像天塌地陷一样的创伤。比如，你长期服务的市场突然间崩溃了，原因可能是一次监管事件或自然灾难，也可能是一项具有颠覆性的新技术彻底毁灭了你那个行业，还有可能是遭遇了严重的经济衰退，比如，每80年发生一次的衰退。①

这真是令人惊讶！

的确，有时候这种创伤来得太突然，令人惊讶，但对于硅谷的许多企业而言，灾难性的、突如其来的"颠覆"都是家常便饭了。对于这种情况，其实还有个专用的缩略词WFIO（we're fucked, it's over的缩写），也就是"我们玩完了，结束了"。高科技公司的性质决定了它们的确很容易遭遇这种突如其来的创伤。

有时候，不知从哪儿突然就爆发了一场灾难，给你造成重创，而且事前几乎没有什么预警。不信的话，可以回想一下2005年新奥尔良的卡特里娜飓风以及2012年超级风暴桑迪摧毁的企业。

但这种大灾大难是罕见的。更多时候，我们的公司之所以遭到创伤，是因为我们事前没有做好充分的应对准备，我们没有看到某个问题正在悄然向我们走来。比如，一个威胁自身竞争力的因素、一场文化变革、一项新技术等等，这样的例子不胜枚举。正如谷歌创始人拉里·佩奇（Larry Page）在2014年

---

① 作者此处指的是1929年那场大萧条以及2008年爆发的金融危机。——译者注

的TED演讲中所说的那样："在我看来，导致公司失败的最主要因素是他们自己错失了未来。"

不过你的公司为什么会遭到创伤并不是我们这里讨论的重点，有些糟糕的事情肯定是无法避免的。这一章要讲的就是如何采取补救措施，尽量挽回损失，使公司尽快恢复元气，最好是能让公司重新开始正常运作，并大大降低再次遭到创伤的概率。

为此，我们给出了6条补救建议，并在稍后的篇幅里加以解释和探讨。

1. 直面创伤。
2. 留住优秀人才。
3. 基于数据认真分析影响成本、业绩与增长的因素。
4. 重塑你的战略流程。
5. 根据现实检查你公司的社会架构。
6. 不做无谓的担忧。

准备好了吗？接下来我们就开始逐一讲述了。我们很喜欢谈论这些策略，它们既适用于那些正处在复苏阵痛中的公司，也普遍适用于其他公司，无论是否遭到创伤都无妨。任何一位教练都会告诉你"最好的防御是进攻",商道也是如此。

力挽狂澜

如果说好莱坞的票房可以为我们提供什么启发的话,那就是每个人都喜欢观看剧情跌宕起伏的恐怖片。请注意,我们在这里用的是"观看",如果人们亲身经历这种场景,恐怕就是另外一回事了。

不信的话,可以问问乔·德安基罗(Joe DeAngelo)和他在HD Supply公司(下文简称HDS公司)的团队。1975年,该公司创立于加利福尼亚州,是一个地区性的建材分销商。到1997年,它的规模实现了大幅增长。家得宝公司(Home Depot)为了让自己的产品与服务多元化,便出资收购了HDS公司,之后大力投资在线订购与物流领域。HDS公司的客户具有高度分散性,包括水管工、承包商、公寓负责人、设施维护经理等。在房地产市场蓬勃发展的时期,客户分散并不算什么问题,HDS公司在长达数十年的时间里实现了成功的发展。2005年,该公司营业收入约120亿美元,EBITDA(息税折旧及摊销前利润)为10亿美元。

然而，到了2008年，HDS遭到了两大重创。首先，长期严重膨胀的房地产泡沫破灭了。这对HDS公司的影响非常大，但好在该公司还可以重点发展其二级市场，即商业地产市场。这个市场的商业周期与住宅市场的商业周期正好相反。然而，过了几个月，随着整体经济下滑，整个地产行业都陷入了逐渐衰退的状态，HDS公司的收入最后下降了40%。为了生存，该公司解雇了12 000名员工（原有26 000名），出售了三个业务单元，关闭了三分之一的分店。

更糟的是，当这些不幸事件接踵而至的时候，HDS公司的财务状况变得岌岌可危了。后来，家得宝公司把债务累累的HDS公司剥离掉，将其出售给了私募基金。虽然私募基金在拯救公司、提升公司协同力方面具有丰富的经验，但当时HDS公司遭遇的却是一场极为严重的行业危机。刚被收购之际，HDS公司的现金流非常有限，资产负债表的杠杆率也很高。

德安基罗回忆2008年的情形时说："在公司外部，每个人都认为我们玩完了，就等着我们宣告破产。"

然而，即将到来的并不是破产。事实上，尽管该公司因遭遇了极度严重的创伤而濒于破产，但它采取的补救措施足以很好地诠释上文列出的前4条建议。

直面创伤

如果你曾经供职于一个遭到重创的公司，那么你肯定知道人们会做出什么反应。人们会关起门来，三三两两地聚在一起低声讨论谁会被解雇。经理们抱着一摞摞材料，神情忧伤地在会议室之间来回奔波，不与任何人进行眼神交流，公司的餐厅里也弥漫着一种恐慌和怨恨的情绪。在这种情况下，整个公司基本上陷入了内部瘫痪，大家的主要工作都变成了闲聊和到处发简历找下家。

在公司危难之际，员工出现这种反应是很自然的，因为人类的自我保护本能是与生俱来的，但越害怕危机，越容易陷入危机，因为思想涣散、惊恐不安、郁闷沮丧的人什么事情也做不成。

然而，在HDS公司，情况却不是如此。该公司没有出现这种消极态势，其没有否认现实，没有责备谁，也没有以受害者的心态自居。该公司禁止人们发表负面评论，诸如"财务部的人早该预见到这种局面"，以及"我不相信这会发生到我们身上，这不公平"。这些评论有什么意义呢？相反，HDS公司领导者的心态是"我们将转败为胜"，并要求所有下属都抱着这种心态，而以此种心态积极应对的下属会受到奖励。

为了让所有人都产生这种心态，HDS的领导者首先是经常宣传公司的使命，告诉下属应该采取什么样的行动。德安基罗说："我们必须让 14 000 人朝着同一个方向前进。作为一个团队，我们的使命就是八个字：成就客户，创造价值。"他们说了一遍又一遍。与此同时，公司领导者倡导以SPIRIT为导向的行动模式，即服务（service）、业绩（performance）、正直（integrity）、尊重（respect）、创新（innovation）与团队精神（teamwork）。同时，公司领导者还自发地为那些展现出这种行为模式的员工提供小额奖金作为鼓励。我们姑且可以将这种奖励比作"战功"。重要的是，每当有员工受到奖励，公司都会公开举行一个小型的庆功会。

直面创伤还具有一定的艺术性。你可以选择最佳的方法去重新点燃员工的激情。比如，可以在公司外面组织一次有助于加强团队精神的活动，也可以找一位能够鼓舞人心的演讲大师。只要你想做，可选方法会很有创意。在HDS公司，德安基罗选择的方法就是专门组建一个小组去研究历史上各行各业中最著名的"冠军"具有哪些共同特点。这些"冠军"包括乔治·华盛顿、穆罕默德·阿里以及一匹名为"秘书长"（Secretariat）

的赛马。1973年6月9日，这匹名为"秘书长"、具有传奇色彩的赛马在贝尔蒙特赛马会上以超越第二名31个马身的成绩夺取了第一名。经过一番研究发现，这些"冠军"的共同特点就是工作起来近乎疯狂，具有永不言败的心态和精益求精的激情。德安基罗说："这些研究结果，我们讨论了一遍又一遍。"我们还用"秘书长"的案例去重塑员工的思维。我们要让每一个人问："雇那个人能帮助我们取得'秘书长'那样辉煌的胜利吗？参加那个会议能帮我们取得那样辉煌的胜利吗？"

德安基罗说："研究'冠军'的项目真的有助于终结自怨自艾的氛围，帮助我们反思如何变得更好。我们意识到自己可以拒绝失败。"

留住优秀人才

当一家公司陷入麻烦之际，其领导层第一时间做出的反应往往是在不考虑业绩的情况下盲目裁员。这种情形太常见了。很多时候，之所以会出现这种一棍子打翻一船人的做法，是因为公司没有一套业绩评价体系。公司领导者为了向董事会表明自己采取的应对举措多么迅速以及多么有深度，往往会不假思索地要求每一位部门经理裁掉10%的员工，或者将部门所有人员的薪酬降低10%。此外，公司领导者可能还会提出解雇补偿方案，谁愿意接受，谁就会获得一笔解雇补偿费用。当然，面对这种选择，接招的往往是那些平时薪酬最高、资历最佳的员工，他们非常乐意拿到一笔补偿后离职，因为他们很优秀，在别处依然能够获得最好的待遇和机会。

这些做法有什么好处暂且不提，但最起码表明公司领导层能力低下，胆怯懦弱，他们让整个公司士气低落。刺激最优秀的人才出走，可能会引发大规模的人才流失，究竟为什么要这么做呢？

摆脱困境的确并非易事，但如果留不住那些最优秀的人才，你永远不可能摆脱困境。因此，在公司面临困境之际，领导者不要在本能驱使下裁员降薪，而是要逆本能而动，采取一些鼓舞人心的举措，短期性的措施如涨薪，长期性的措施如根据其业绩表现给予更多的公司股份，也就是说要尽量想办法留住人才，而不是减少人才。

在最为黯淡的时期，要让你的上司或董事会接受这些鼓舞人心的措施似乎很不容易，而且一旦惹怒他们，你自己也会承担极大的风险，感觉就像被卷入快速旋转的直升机桨叶里。董事会可能会担心你是否可靠,在这种情况下,你真的需要很大的勇气才敢对董事会说:"要么听从我的要求,给员工涨薪;要么一步步走向破产,最后登上报纸头条。相比之下,哪个结果更令人痛苦和尴尬?"

事实上,要在公司危难之际向董事会建言献策,需要的不仅仅是勇气。如果要激发我们在上一章里讲到的慷慨基因,这时便是最佳时机。在公司危难之际,最佳员工会为其他员工树立一个行为标杆。比如,萨姆和萨拉是你公司最优秀的员工,那么如果他们两个在公司危难之际选择留下来,其他员工就会想:"萨姆和萨拉都没走,可能情况没有那么糟糕,肯定会好起来的。我也要留下来。"

从另一个角度来讲,我们可以说最佳的员工就是公司生存和成功的最大希望所在。所以,想方设法留住他们。

基于数据认真分析影响成本、业绩与增长的因素

留住优秀员工之后,你就可以放手进入下一个阶段了,即一丝不苟地寻找能够改善各种业务的办法。

一丝不苟?会不会很慢啊?当然不会,一丝不苟并不意

味着慢，而是意味着要采用明智和慎重的办法，意味着要根据海量信息去分析。现在，不花钱或花很少的钱就能获取关于市场和消费者的海量数据。有些人将这些海量的事实和数字称为"大数据"。这种叫法虽然有点"术语控"的感觉，但我们觉得也是蛮不错的。在大数据的问题上，我们认为当务之急未必是多获取信息，因为信息量实在太大了，完全能够将人淹没。当务之急是分辨出哪些信息对你的公司有用，然后深入分析，明确地找出影响成本和增长的因素。究竟哪些数据才是有用的呢？英国乐购集团（TESCO）前首席执行官特里·莱希爵士（Sir Terry Leahy）有一句非常著名和明智的话，即"只有可以为行动提供借鉴的数据才是有用的数据"。

正是得益于这种一丝不苟的分析过程，HDS公司才能够迅速确定剥离哪些业务，因为即便继续保留这些业务，该公司在这些业务上夺取市场主导地位的前景也不明朗。德安基罗说："这种诊断过程使我们看到了我们需要看到的内容。我们分析了每一个外部市场：有没有办法让我们赚钱，客户需求都有哪些，其中哪个需求是最重要的。我们还将自己与竞争对手做了个比较。"

分析数据不仅具有以上作用，还有助于我们发现最好的投资机会。

因此，HDS出售了木材制作、水暖管道及工业管道的业务，更加关注设施维护业务，加大技术投资力度，改善物流配送环节。同时，在分析了海量数据之后，该公司启动了一项旨在奖励和推广业务流程改进方案的计划。比如，从多个指标来衡量，HDS公司洛杉矶分店的得分比其他分店都高，于是，公司总部派出了一个团队专门去研究其中的原因，并将洛杉矶的优越做法推广到每一个分店。与此同时，HDS公司还成立了一个"现场团队"，这个团队的每个成员都得上街，手拿一部新的iPad（苹果平板电脑），里面下载了Salesforce.com系列软件，这种软件会教他们如何向客户推销产品才能获得最好的结果。

德安基罗说："我们对业绩的追求达到了狂热的地步。在一个生死攸关的危机面前，你只能这样，别无选择。"

今天，幸运的是，数据搜集与分析技术都取得了很大的进步，即便对业绩的追求达到了狂热的地步，分析过程仍然可以快速地、一丝不苟地进行。

重塑你的战略流程

接下来，我们探讨另外一个对HDS公司恢复增长具有关键作用的因素，即该公司在遭遇创伤后重塑战略流程的过程。我们认为，今天，无论在什么环境下，公司都应该将战略与战术日益紧密地结合起来，而HDS公司在这方面的实践则为我们提供了有益的借鉴。

但现在的实际情况却是很多公司根本没有意识到战略的重要性，至少很多40岁以上的人一度认为战略无关紧要，充其量只是每年举办两次大型会议，让会议代表就一些所谓"大趋势"、"核心竞争力"之类的概念发表一些精彩的演讲。快忘掉这些老套的方法吧，因为市场发展得太快了，变化得也太快了，这些老方法适应不了。

长期以来，我们都支持采用一种更加简单、更加灵活的战略制定方法。我们称之为"五张幻灯片法"。因为策略制定过程中涉及的问题基本上可以用五张幻灯片来体现。顺便说一下，这个制定过程并不应该单单由负责战略事务的高级副总裁完成，也不应该让公司外部的顾问们来完成，相反，应该由公司首席执行官领导的团队完成，这个团队的成员除了首席执行官之外，还应该包括公司内部那些聪明的员工们，这些员工兢兢业业，知识渊博，富有好奇心和创新意识。此外，还应该从公司内部各个部门挑选出那些喜欢与人争论，甚至敢于提出反对意见的人，让他们也加入这个小组。重要的是，要让一些具有偏执倾向的人加入进去，请注意，这些人不仅仅包括那些经常进行假定推测的人，还包括那些经常设想出最坏情形的人。今天，战略制定过程需要这些思维，因为在当今的商业环境下，几乎任何你意想不到的事情都有可能发生，而且真的发生过。比如，一家初创的科技公司可能会突然成长为一匹黑马，颠覆现有的行业巨头。某位高管一个无心的评论可能会触怒一大批客户等，这类事情不胜枚举。

正是由于这个原因，我们倡导的"五张幻灯片法"才非常注重研判公司的外部经营环境。这样做的目标是很明确的，即让公司跳出自身的限制，看清外部的环境。这是一个巨大的挑战，在任何一个战略制定过程中，做到这一点都不容易。下面，我们分析一下"五张幻灯片法"。

第一张幻灯片详细地评估了公司所处的"竞技场"。我们的竞争对手是谁？他们的市场份额有多大？他们的优点和缺点是什么？他们的内部状况如何？要想让这个过程发挥作用，请明白，这些问题不能泛泛而谈，要深入细致地去研究每一个细节，就像你置身于每一个竞争对手的会议室，听到了他们的讨论详情一样。这听起来很难吗？嗯，肯定很难。只有具备了毅

第二章
越挫越强

力和经验，才能详细分析竞争对手的情况。但有一种情况我们亲眼见了很多次，即很多人在制定战略时往往会过于注重眼前，而低估了竞争对手的未来前景。比如，很多人会不屑一顾地说，"那家公司简直疯了，价格那么低，肯定要倒闭"，却不知道反思自己的成本是不是太高了。更糟的是，他们在预测未来时还设想竞争格局是固定不变的。关于这种想法，对不起，我们觉得怎么抨击都不为过。人们似乎总是无法自已地持有这种观点。在他们的分析中，自己是不断前进的，而他们的竞争对手则是原地踏步的。这种想法是疯狂的。对付这种思想的解药只有一种，那就是在分析市场时抱着害怕的情绪——非常害怕的情绪。

在第二张幻灯片上，你要分析的是竞争对手最近的活动。要从产品、技术及人员变动的角度去分析，因为这些因素有可能改变竞争格局。具体内容包括：过去一年里，各个竞争对手都有哪些可能改变市场格局的举动？是否有人引进可以改变竞争格局的新产品、新技术或者新的销售渠道？行业内是否出现了新的进入者以及它在去年的业绩如何？

在第三张幻灯片上，你要根据第二张幻灯片提到的这些方面分析自己在过去一年内的状况如何。在第四张幻灯片上，你要分析的是潜伏的变量，尤其是你最担心的事情，比如竞争对手会不会推出某个新产品，会不会出现一桩可能改变竞争格局的并购交易，会不会有一匹黑马突然从其他行业窜到了本行业，从而打破了本行业的竞争格局。在第五张，也就是最后一张幻灯片上，你要分析的是自己的优势，看看在一个存在大量老对手、新对手以及潜在对手的市场上，是否具有重大的、令人惊叹的、能够出奇制胜的优势，能够让你改变和主导市场。

"五张幻灯片法"明显反映出我们长期坚持的一个理念，即制定战略并不是一项特别特别需要脑力的活动，而是为你的业务想出一个大大的"啊哈"，安插合适的人到合适的位置，把那个大大的"啊哈"往前推进，片刻不停地寻找组织内外部的最佳做法以实现你的"啊哈"。（这里，我们将"啊哈"定义为一种聪明、务实、相当快速的方法，能够取得持久的竞争优势。先确定之前经营过程中存在的问题是帮助你找出这个大大的"啊哈"的最佳方法。）

大约10年前，当我们首次讨论"五张幻灯片法"的时候，人们普遍认为"不靠谱"。其实，这种看法是不足为奇的，因为当时的MBA课程均认为制定战略是一项极其耗费脑细胞、极为复杂的事情，更不用提那些咨询公司了，这些公司雇用的很多

第二章
越挫越强

人都是接受这种教育的商学院毕业生。

然而，在过去的几年里，我们发现战略制定过程逐渐变得更加灵活、快速，表现出了更大的敏捷性，因为在制定战略的问题上，保持敏捷的反应真的很重要。比如，在我们不久前参加的一次科技会议上，高通公司首席执行官保罗·雅各布（Paul Jacobs，现任高通公司董事长）提到，他的团队每个月都会就本公司的战略进行一次非正式的审议，如果市场有需要，这种审议的次数会更频繁。在座的听众们纷纷点头表示赞成，好像他们明白雅各布所讲的内容一样。

这让我想到了HDS公司。在遭遇创伤之前，它在制定和审议战略方面的固有习惯并非根深蒂固，只不过是没有形成新的习惯。但一场危机改变了这种情况。该公司不再每个季度开一次关于战略的会议，而是每周四召开市场形势分析会议。

是的，每周四。

同样重要的一点，也是非常关键的一点是，该公司将其每周四的战略（与策略）审议过程定义为一次探索外部世界的实践。

要注意，在很多公司，所谓的战略审议很可能是纠集一撮人，在一个没有窗户的房间里（这是一种假设，现实中可能真有这种情况）讨论历史，讨论他们看到的趋势，讨论谁在什么时间做了什么，讨论他们自认为真实的事情，讨论当前商界的动态，讨论公司目前正在发生的事情，比如公司因为这个人能做什么，因为那个人不能做什么。

不，不，不。

有效的战略制定过程讨论的是关于未来以及市场的内容，比如今天、明天和一年之后的消费者与竞争对手，不久之后可能会出现的新技术，尚未被发明出来的产品，日益迫近的社会与政治事件等等。只要是尚未发生的，你都可以一一列举出来。

德安基罗说："在HDS公司，我一直都是让每次关于战略的对话回归到市场方面，如果我们只讨论自己，看我们自己能做什么，不能做什么，那么我们永远不会成功。我们必须讨论用户、竞争对手、新产品、新服务和新技术。除此之外，还有其他要讨论的吗？"

这是一个很好的问题。

现在我们就把目光转向最后两条建议，看看如何能够于危难之间力挽狂澜，生存下去，并开创更好的局面。

根据现实检查你公司的社会架构

社会架构描述的是一个公司的人事安排方式，即工作汇报关系，因此也显示出了在公司具有重要地位的人和事。简单地讲，我们讨论的内容就是"组织结构图"。

一般来讲，在公司里面，对于公司组织结构图的问题，人们往往倾向于避而不谈。一方面，组织结构图枯燥乏味，尤其是像矩阵一样的组织结构图更是如此，因为上面密密麻麻地布满了虚线和方框；另一方面，组织结构图会令人有些纠结，尤其是当人们非常在意代表自己的那个小方框是否高于其他人的小方框时，会更加纠结。但这些都不是我们这里讨论的重点。

根据我们的经验来分析，太多的公司之所以仍然会经常遭到创伤，是因为它们的组织结构图没有与时俱进。更确切地讲，它们的组织结构图往往是一种历史的产物，很多在当代商业经营过程中扮演重要角色的部门——比如IT（信息技术）部门和风险管理部门——没有受到足够的重视，要么级别较低，要么职能范围存在问题。

当然，固守陈旧的组织结构也未必会带来严重的危害，这种情况的确是存在的，但往往是因为从公司外部引入了新的人才。比如，公司可能会聘请半退休的优秀律师或已经退休、去牧场颐养天年的会计师作为风险管理顾问，他们每年与公司聘请的审计事务所聊上几次，不时地帮助公司开展培训工作。至于IT部门，你可能只在自己的团队需要运行WebEx（网络会议）时才会想到拨打一下他们的电话，请他们帮忙。

今天，IT部门当然发挥着重大的、战略性的职能，几乎在任何一个行业里都是如此。此外，随着网络犯罪率的上升和政府管制的增加，风险管理工作也应该受到足够的重视。

不过，在太多的公司里，我们仍然看到它们的组织结构图并不符合现实需要。风险管理经理被置于重要决策圈之外，一年只能向董事会汇报两次工作，汇报结束之后，董事会往往只是拍拍风险管理经理的肩，让他回办公室去了，并没有给予足够的重视。相似地，在太多的公司里，公司领导者都不愿让首席信息官参与关于公司战略的对话。我们当然知道这些领导者担心什么。虽然现在存在低成本的、基于云服务的解决方案，但公司领导者仍然担心IT部门的人一出现就会要一大笔经费去更新某个系统，或者开展某个"紧急"的、基础性技术项目（而公司领导者可能根本看不懂这些项目）。这样一来，因为担心IT部门的人要经费，公司领导者索性不让他们出席会议，以避开他们那昂贵的项目。

然而，如果风险管理部门和首席信息官被边缘化，可能会造成严重的后果，你认识到这一点的时候，公司可能已经遭到了重创。以美国塔吉特公司（Target）为例。2013年圣诞节前夕，正值一年里最大的销售旺季，该公司却不幸地宣布其公司网站遭到黑客侵入，7 000万名客户的账户信息被盗。

7 000万啊！

遭此厄运的并不只是塔吉特公司。无独有偶，索尼公司发布《刺杀金正恩》前后，也因黑客入侵遭受严重损失。请回想一下这个事件，它完全算得上一次国际事件。再回想一下通用汽车公司的汽车召回事件。该公司曾经因为汽车点火开关存在致命故障，导致13人丧命，不得不召回了100多万辆汽车。摩根大通因所谓的"伦敦鲸事件"损失了数十亿美元。

这些事件多么令人痛苦啊！公司不应该只在灾难面前才开始反思自己的组织结构图，反思谁应该对谁汇报工作以及多久汇报一次。当然，不存在"理想"的组织结构图，凡是适合公司和市场具体情况的，都算是理想的。也就是说，在现代社会里，任何一个公司都应该重视IT部门和风险管理部门，要招聘这些方面的优秀人才。很难想象哪个公司不需要这类部门。这些部门的人才不仅应该明白与他们直接相关的工作职能，还应该从整体上了解公司的战略，与处在顶尖位置的公司领导者保持密切联系，并参加公司举行的所有关于战略的重要会议。

不做无谓的担忧

去年某一天的深夜，我们收到了一位老朋友发来的电子邮件。我们在这里将这位朋友称为"朱莉"。她经营着一个市值200万美元的广告公司，有兼职员工12人。事实上，由于生意红火，她在考虑多招一些人。然而，她那封半夜发来的邮件却说："这些天我一直很担忧，但总是担忧这担忧那是愚蠢的，对吗？"

错！

真正愚蠢的是因自己有所担忧而焦虑不已！只要能弄清楚自己在担忧什么，并敢于面对，就是明智的担忧！

请注意，在商业领域，一旦有所担忧，往往就是一个信号，预示着你将要遭受创伤。这相当于你的早期预警系统。令你担忧的因素可能多种多样，比如，一个大客户回复邮件的时间比平时晚了几个小时；你认为某个竞争对手的产品没价值，而推

第二章
越挫越强

特上却出人意料地出现了一则吹捧这个产品的帖子；你的房东在最终是否会卖掉房子的问题上模棱两可等。

每一位经理人在日常工作中都会遇到这些含糊不清、难以捉摸的信息，为这些信息而担忧是明智的，但很多人往往并不放在心上，原因就像我们在上一章里讲到的那样，是被工作，即没完没了的、令人讨厌的任务清单牵绊住了。我们上一章里讲到提升协同力是工作的一部分，在这里，我们要说，担忧也是工作的一部分，我们所说的担忧是指建设性的担忧。如果你因为某个趋势、事件、网络评论而担忧，或者有其他任何因素让你感到担忧，那么你可以深入研究一下自己究竟在担忧什么，然后再探究一下自己的担忧究竟是合理的，还是由自己的偏执导致的。无论最后结果是哪一种，你都是赢家，因为如果你的担忧是合理的，就能及时采取措施加以补救，如果你发现自己的担忧是由偏执导致的，那么至少这一次你可以放宽心了，因为你知道自己再也不必唉声叹气地抱怨"该死的，我知道这种事情要发生了"。

不幸的是，我们的朋友朱莉没有这么做。当我们让她明确找出担忧的原因时，她只是觉得哈里对她有些生气。她说的哈里是一家公司的市场营销事务副总裁，而这家公司是朱莉的大客户，哈里是朱莉的主要联络人。

后来，我们建议她拜访一下哈里，验证一下她的担忧是否合理。她表示反对。你可能猜得到原因——她太忙了。

在后来的一次月度会议上，你或许还能猜得出发生了什么事情，朱莉就其团队的不良业绩连续发出一连串的抱怨。事实上，在这一章的开始，我们就已经提到了她遭到的创伤。

会议结束后，她立即给我们打来了电话。她说："我现在坐在车里，不知道该怎么回到办公室去跟每个人解释。我那些话太驳别人面子了。我明天再解释。"我们没有提出其他建议。我们前面讲过，遭遇创伤会给人带来沉重的痛苦。

我们也不想提醒她在午夜时分发给我们的电子邮件，但她自己提到了，她说："我跟你说了我很担忧。"

是的，她的确很担忧，但她担忧的方式并不正确。正确的方式会让你找出担忧的原因，并消除担忧。毕竟，直面自己的担忧比直面创伤好得多。

最近，我们见到朱莉时，她已经失去了哈里这个客户。但朱莉说在应对这个创伤的过程中，自己学到了很多，自己和公司都变得越来越好。

创伤往往会产生这种作用。

德安基罗也会认同这一点的。在谈到HDS公司近乎致命的经历时，他说："我不想再让那事发生，但它让我们思考和改善了我们做事的方式。危机能促使我们做到这一点。它能促使你以更快的速度和更大的紧迫感采取补救措施。"

2014年，HDS公司非常成功地上市了，为它的员工和股东提供了一个绝佳的机会，使他们体验到公司克服创伤而重生的喜悦。

事实上，任何规模的企业，从市值数百亿美元的企业集团到只有一个人的小店，都有可能遭遇创伤。这就是生活，这就是商业。

请记住这一点。如果你将要遭遇创伤，要勇于面对，越挫越强，如果浪费这个自我反思的好机会，那着实是一件令人遗憾的事。

第三章
增长是王道

还记得"没有人不爱莎拉·李"[①]这句老广告词吗？这句话一打出来，就立刻成了经典。首先，这句话很吸引人，容易让人过目不忘。其次，从人的本能来讲，它会让你意识到这样一个事实，即在生活中，能得到所有人认同的事情少之又少。

增长则是这些罕见话题中的一个，每个人都喜欢增长，特别是在商业领域，几乎每个人都喜欢它。

曾经有一位教授在《哈佛商业评论》上发表过一篇题为

[①] 莎拉·李（Sara Lee）是美国大型食品公司，它每辆运货车上都写着广告语"没有人不爱莎拉·李"。——译者注

"增长有什么伟大之处？"的论文，事实上，除了这位教授，我们遇见的人都认为增长是各个类型、各个规模的企业的灵丹妙药。研发出一种新产品，推出一种新服务，开发了新的大客户，都是人们希望看到的结果，都会令人激动不已！

曾经有一段时间，我们中的一些人会满怀深情地回忆增长被视为自然法则的时代。从"二战"到2008年，总体来说，经济周期有过繁荣，也有过衰退。营业收入和利润每年都增加是不容易实现的。很多经济部门都存在着全球性的竞争。但你肯定知道一句关于潮水的老话，即水涨船高。很多船——有些适合航海，有些不适合——随着经济大潮的上涨而被抬高了。

后来就爆发了金融危机。我们在这里不探讨这场危机给我们留下的历史教训。我们都知道过去的几年里发生了什么事，我们都知道这意味着什么。增长是艰难的。

至于这种增长停滞的环境为什么会出现，莫衷一是，但要知道，既然这种环境已经出现，你就无法绕过去，只能回头去看。对于企业而言，只能鼓足干劲，奋力一搏。无论你是一家大公司的首席执行官，还是一个6人团队的经理，都是如此。当某个目标对你很有挑战性时，就像目前实现增长的挑战性一样，你的职责就是让你的团队振作起来。

事实上，经济增长是一种心态。这个心态从领导者开始，然后传递给整个公司，就像在一个漆黑的房间里，一支蜡烛点亮下一支蜡烛，最后整个房间充满亮光一样。还记得乔·德安基罗吗？他带领HDS公司从衰退的深渊走向了成功的巅峰。对于增长的思维，他如是说道："你要让每个人每天来上班的时候都知道你的公司是一个增长型公司。增长不会通过其他方式实现。如果你不每天都思考着如何实现增长，如果你不每天都说增长，那么它就不会实现。"

我赞成这一点。

我也赞成他这么说的原因。实现增长是非常好的，因为只有当公司实现了增长，员工才有职业安全感，才能为孩子支付大学学费，才能买房置业，才能开创富有意义的事业。在商业经营过程中，很大一部分乐趣来自公司的增长。

但如何做呢？在增长缓慢的时期，你如何让自己的公司实现增长？

关于这个问题的答案，本书的前两章已经提到了很大一部分。提升公司的协同力，让公司所有员工围绕着统一的使命和价值取向而努力；提升领导力，激发员工提高业绩和加强创新的能力；认真分析影响成本和业绩的数据；采用快速、敏捷的战略制定过程；建立现代化的组织结构；让你的担忧更有意义。上述这些事情当然会促进增长。

你可能觉得促进公司业绩的增长是自己面临的首要挑战，所以，当你拿起这本书时，会先读这一章。如果是这样的话，我们恭敬地建议您从第一章开始读。

因为如果你是从第一页开始读的，就会发现更多有助于你提升业绩的"工具"。我们知道这些工具都是强有力的催化剂，会有力地促进公司业绩的增长。具体来讲，是6个工具：为公司注入新鲜血液；要集中资源，不要分散资源；重新定义创新，让每个人参与其中；利用最优秀的人才实现增长计划；为员工提供合理的薪酬；通过任何必要的手段拉拢那些抵制增长计划的人。

为公司注入新鲜血液

如果你曾经住过院，或者在医院照顾过病人，那么你可能熟悉家庭健康护理行业。虽然你感觉自己还没有完全康复，但医院可能已经让你出院了，忽然之间你又躺到了自己家的床上。医生给你写了一大堆医嘱，告诉你如何做护士之前为你做的事情。你所需要的只是购买一些护理用品。

我们可以考虑一下家庭健康护理用品供应商AssuraMed公司的案例。该公司的一个部门叫Edgepark医疗设备供应公司，从事邮购业务，为消费者提供多种护理用品，包括橡胶手套、糖尿病患者使用的胰岛素泵，并帮你处理医疗保险索赔业务。另一个部门，Independence医疗设备供应公司，出售的是同样的产品，只不过它的客户是医疗用品商店，大约有1万家。

从很多方面来看，AssuraMed公司都堪称美国成功故事的典型。它成立于1928年，最初只是一个位于街角的药店，到1968年，它开始面向全国销售医疗护理用品，逐渐壮大成了一家区域性的公司，后来又壮大成了全国性的公司，到1990年俄亥俄州的哈灵顿家族出资将其收购时，它每年的营业收入已经达到了400万美元左右。哈灵顿家族维持了该公司的增长态势，使其继续增长了20多年，后来在2010年将其卖给了一个私募基金。

与私募基金收购的很多公司不同，AssuraMed公司的情况并非乱得一团糟，甚至跟糟糕丝毫沾不上边。它不仅盈利状况良好，保持着略高于10%的增长率，而且它的经理们也都很称职，对公司很满意。

迈克尔·彼得拉斯（Michael Petras）后来出任该公司的首席执行官。他曾经在通用电气公司担任照明业务部门的首席执行官，在照明业务上，即便保持缓慢的增长态势也是很困难的。因此，当他加入AssuraMed公司之后，突然发现了大量的机遇就摆在眼前，等着自己去抓住。于是，他不停地鞭策他的团队，向他们提出了"越来越快、越来越快"的增长目标。事实上，这变成了该公司新的、首要的主题，变成了一种组织原则和日常战斗口号。

迈克尔会告诉你，他和他的团队同时采用了我们在本章将要分析的所有促进增长的工具。这是真的。但为了便于讨论，我们逐条分析，首先看一看他所说的"为公司注入新鲜血液"。

这就等于说"招聘新人"。

不要恐慌。我们意识到，当你读到这儿的时候，你可能会认为如果你要招聘新人，肯定是因为你已经用尽了一切促进增长的办法，公司的每一个员工都累到了极点，再也无力可使了，必须招聘新人才能满足业务发展的要求。比如，你的客户想要迅速交货，你采用了六西格玛式的管理技巧，想要将送货上门时间缩短一半。支撑网站的广告收入正在萎缩，你不得不采取了一种线下订购模式。你已经增加了自己能够想到的所有新服务，也已经将"最佳实践"这个词发挥到极致。你取得了好的结果，在经济增长率只有2到3个百分点的情况下，你的业绩实际上增长了2%，这已经是一个难以企及的水平了，而且得益于生产效率的提高，你的业绩保持了稳定增长的态势。虽然这种良好局面是你在今天这种经济形势下能期待的最好结果，但你考虑到自己投入了那么多资源，又会觉得这种增长态势不符合自己原先的期待。

你可能认为自己还没有尝试过所有办法来促进业绩增长，之前太安于现状了，要突破这种境地，就需要招聘一些新人加入公司。

然而，在现实中，当你公司的增长速度不是很快时，你最不想做的事情可能就是招聘新人，因为你喜欢原来的团队，虽然这个团队可能只有四个人，但你认为他们经验丰富，曾经与你并肩作战，曾经共同尝试过很多创意，我们能理解这一点。但现实却是：有很多事情是你和你的团队所不知道的，而如果没有新人的加入，你们或许完全不会想到这些事情。

在AssuraMed公司，迈克尔·彼得拉斯身边的人都是伴随着公司发展的脚步而逐渐成长起来的。他们对这个行业了解得一清二楚。迈克尔不想解雇他们，因为他和你的想法一样，他

第三章
增长是王道

知道他们的价值，但他为了新鲜的视角，把其中一些人调到了不同的岗位上，并从医疗行业以外的公司（包括惠普公司和固安捷公司）招聘了6位领导者。最惊人的举动或许是他从精益美食（雀巢的冷冻食品部门）挖来了一个新的营销经理。她的名字叫克里斯汀·吉布斯（Kristin Gibbs）。和迈克尔一样，她调研了一番之后，觉得AssuraMed公司是一个名副其实的"金矿"，认为该公司实现大幅增长的可能性非常高。比如，该公司长期以来都是根据产品类型来区别客户的。于是，她就想如果按照疾病类型来区别客户，比如根据泌尿系统疾病、胰岛素依赖型糖尿病等来区别客户，能从中学到什么呢？业绩会不会有所改善呢？同样，她还注意到公司没有将自己的营销计划与其制造商的营销计划协同起来。如果协同起来的话，会发生什么呢？此外，她发现该公司并没有花很多时间向护士宣传自己。如果该公司能出现在护士行业的大会上，能成为护士午餐会的赞助者，并向他们讲述AssuraMed的故事，会出现什么改观呢？

克里斯汀提出的各种营销活动产生了直接而深远的影响。之所以出现这种改观，并不是因为她作为一位新经理引进了新的管理技术，而是因为她作为一位新经理，能够用全新的视角去看公司，去分析公司的现状，并思考可能变成什么样子。

如果你希望公司业绩有所增长，不管你的公司规模有多大，也无论你的公司处于什么位置，无论是领导一个团队，还是领导一个部门，请记得为公司注入新鲜血液，引入全新的视角。

要集中资源，不要分散资源

每年，大多数公司用于增长计划上的资金都是有限的。大多数情况下，无论是10万美元，还是1 000万美元，总是显得不够用。这也是一个无法改变的事实。

但在落实增长计划的问题上，问题往往不是可用资金的数量，而是经理们如何分配这笔资金。

他们常常将钱分配在不同的项目上，这个项目分配一点，那个项目分配一点，这里多点，那里再多点，最后每个项目只能得到一点点资金，导致每个人都不开心。但那些负责分配资金的经理们认为，虽然不开心，至少大家都是平等的，不是吗？一些软弱的领导者为了避免得罪别人而采取了一种在公司里具有悠久历史的做法：平均分配有限的资金。

这样的做法虽然常见，但长远来看，可能会导致公司在激

第三章
增长是王道

烈的市场竞争中吃败仗。如果你想要增长，不要像这样多面下注，而要集中力量办大事。这是我们在这一章里要讲的第二个促进增长的工具。

迈克尔·彼得拉斯有很多分配资源的方法，这些方法可以有效地促进AssuraMed公司的业绩增长。

事实上，在他上任的第一年内，他的顶尖团队（即那些新人）给他提出了十几个投资方案。他们都有一些值得称道之处，这一点是令人兴奋的。因此，迈克尔和他的团队讨论了好几天。如果你到过讨论会的现场，就会发现讨论的激烈程度有时会让你想起古代为争夺食物而展开的激烈战斗。最终，为了获得最大的回报，他们决定只投资两个方案：一个是克里斯汀提出的根据疾病类型划分客户的方案及相关营销计划，另一个方案与公司固有业务的偏差比较大，是积极进入与泌尿类疾病用品有关的市场，公司之前在这个市场上的份额微不足道。

毫不奇怪，进军泌尿疾病类业务肯定会遭到AssuraMed公司一些老员工的质疑。"我们已经试过了，"他们说，"我们的竞争对手已经完全控制住了这个市场。"但彼得拉斯认为AssuraMed公司从来没有集中资源和精力去进军这个市场。该公司从2012年开始大力实施这个方案：投入大量资源提升领导力，组建了一个专门的销售团队，并加大广告宣传力度。到2013年底，这个市场的业务量已经翻了一番。

谁会想到这一点呢？任何习惯于分散资源的人都不会想到的。

最后再讲一个关于促进增长和分配资源的想法。正如我们之前所说的那样，当你提出一个增长方案后，可用资金似乎总是不够，无法按照你期待的方式去投资。你可能会告诉你的老板："要推出这款新产品，我们至少需要15万美元的广告费。"

你的老板可能会回答道："我听到你说的了，但这里只能给你5万美元。"

有时，这5万美元是从预算中就留下来的，有时却是因为平均分配有限的资金时分配下来的。无论如何，在这种情况下，你唯一的希望就是创新。发挥创造力，而不是被有限的资金束缚住手脚。

就像加拿大西捷航空公司所做的那样。

2013年12月，西捷航空公司挑选了两个从多伦多到卡尔加里的航班，在候机区安装了一个类似于圣诞礼物盒的小亭子，里面有一个电子屏幕，屏幕上闪烁着"请扫描登机牌"的字样。按要求扫描后，乘客发现屏幕上出现了圣诞老人！圣诞老人热情地和乘客互动。他呵呵地笑着问乘客是谁，想要什么圣诞礼物。这一切似乎都没有恶意，大多数人也只是像做游戏一样说出了自己的期待。一个乘客回答，我想要一台摄像机。有的回答想要袜子和内衣，还有人说想要果汁机或温暖的围巾等。

这些乘客登机后，估计90%的人都忘记了自己与圣诞老人的邂逅。在这250位乘客飞往卡尔加里的5个小时中，卡尔加里175名西捷航空员工奔走于百思买等大型超市，从货架上迅速扫下每位乘客想要的圣诞礼物，从袜子到电视机等，员工们一一包装好礼物，并快马加鞭地送至卡尔加里机场的行李领取处。当乘客们到达卡尔加里机场，在第8号行李运输带周围准备取行李的时候，令人意想不到的事情出现了：行李带上出现了大大小小包装好的礼物，上面写着每个人的名字，而里面就包装着每位乘客的梦想礼物！

我们敢打赌，你在YouTube上看到这段视频时，肯定会情绪激动。去看看吧，在你之前已经有3 600万人看过了。

是的，西捷航空公司这次创新营销活动真的太不可思议了，那段视频已经有了3 600万的浏览量。如果依靠传统的营销手段，不知道要花几百万美元才能换来这么多的关注，但肯定比买礼物的钱多得多。

事实上，你的增长方案很少会获得足够多的资金支持。因此，根据已有的资金去规划支出，要在自己能够承担的范围内花钱。切记要集中资金，而不要分散资金。

重新定义创新，让每个人参与其中

我们再多聊聊创新问题，因为作为促进业绩增长的一个重要驱动力，创新似乎是媒体关注最多的一个概念，而且几乎每一位首席执行官都会在其年报里大谈特谈创新。

创新获得强烈关注是很好的现象。我们刚才介绍了西捷航空公司别出心裁的营销理念，它充分体现了创新在改变行业竞争格局方面的作用。

但我们认为，一般来讲，大多数人和商业领域的权威专家们在思考创新时往往思维过于狭隘，因此，与多重增长机遇失之交臂。

思维狭隘的根源就在于：我们的文化存在这样一种观念（如果你愿意的话，也可以将其称为偏见），认为创新是爱迪生、爱因斯坦和乔布斯们的专属领域，只有那些无比聪明、超凡脱俗的天才们才会"消失"在他们的实验室或房间里，一旦现身，就会拿出一项能够改变一切的发明。

当然，这种罕见和奇妙的人确实存在，我们应当感谢他们。

然而，如果你想提升公司业绩，就不要拘泥于这些罕见和奇妙的人为我们传递的创新理念，即创新都是重大的、颠覆性的突破。这样的创新标准的确太高了，它把太多的人挡在了创新的门槛之外，因为他们心想："创新是别人做的，不关我的事。我可能聪明，但是还不至于那么聪明。"

这就好像刚参加工作一天就辞职不干了。

请注意听好：在商业领域，最好将创新定义为每个人都可以做到的"渐进式改进"，只有这样，才最有可能实现创新。创新可以是，也应该是一个循序渐进的、持续不断的、正常的事情。创新可以是，而且应该是一种心态，每个员工，无论位于哪个级别，在每天早上踏进公司大门的那一刻都应思考如何创新，心想"我今天要找到一个更好的工作方法。"

想想，如果这样的话会发生什么。创新忽然之间变成了一种工作方式，季度财务报表可能只用 6 天就编好了，而不是原来的 8 天；存货周转率可能每个季度提高 5%；在新技术的帮助下，可能一天能拜访 4 位客户，而不是原来的 3 位。创新变成了一项不断改进工作方式的"群众运动"，而凡是"群众运动"，几乎都会产生一定的影响。

现在，关于这种思维，有一点需要强调一下。创新并不是老板发表几篇诸如"创新很好，我们必须创新"之类的讲话之后就会自发地实现。纽约人劝告别人时常用的一句话就是"忘掉它"。我在这里也援引这句话，劝你忘掉这种简单的想法。老板发表这种讲话时，人们会点头，甚至鼓掌，然后继续回到办公桌前，回到他们的实际工作中，不会再去思考创新。创新思维绝不是这样建立起来的。要养成创新思维，需要从文化上认可创新，公司领导者要庆祝员工取得的点点滴滴的进步。比如，如果客服中心的山姆想办法将客户保持率提高了5%，那么在这个时候，公司领导者就要为他举办一个小型的办公室派对以示庆祝，并公开奖励他两张演出门票。再比如，如果玛丽发现通过对工作调度方案做出小幅调整之后就能避免工厂发生停工问题，而且每个人都比较喜欢这种调整，那么作为奖励，公司领导者可以请她的家人去迪士尼乐园游玩一番。无论怎么奖励，都属于细节问题，并不是很重要。只要奖励方式正确、行得通就足够了。（永远不要为了奖励员工而请其与老板共进晚餐，因为无论老板这个人多么奇妙而有趣，跟老板一起吃饭依然属于工作。我们再重复一遍，永远不要请员工与老板一起吃饭。）

好吧，关于这个话题，我们就讲这么多。一定要记住一条根本原则：我们和其他人一样，也备受伟大发明家们的鼓舞，但提升公司业绩的各种机遇存在于每个人身上，每个人都是平等的，即便你不必是一个天才般的人物，同样能给自己的公司留下有意义的印记。

你必须相信，渐进式改进也是创新。

利用最优秀的人才实现增长计划

我们在前面提出，在分配资源时，你需要集中力量办大事。现在，我们要说，这个原则也适用于人力资源的分配。你要利用最优秀的人才实现增长计划。这是唯一一个行得通的选择。

你或许在想："当然，这是显而易见的，不用想也知道。"

的确如此，但在现实中这种做法并不常见，即便有的公司领导者会这么做，也不会做得很彻底。即便在一些真正明智的公司，也是如此。

举一个例子。我们最近参加了哈斯曼公司（Hussmann）的一次公司运作情况总结会。该公司是美国中西部地区一家著名的制冷设备制造商，其产品包括各种食品展示冷柜、装配式冷库、制冷系统和制冷控制系统。这是一家实力雄厚的公司，拥有一批新的、负责任的领导者，而且早已从被集团剥离后的低谷中恢复了过来。那次公司会议讨论的内容主要是增长计划和各个计划的进展。每个项目都有一定的市场潜力，而且每个项目都得到了充分的资助，但效果却低于大家的愿望和预期。这是怎么回事呢？

关于这个问题，其中一个答案是非常引人注目的，对于我们这里要讨论的内容也具有至关重要的启发意义。这次会议的召集者、该公司首席执行官丹尼斯·吉普森充满自信地邀请人力资源部主管斯科特·曼尼斯发表自己的看法，因为他知道斯科特已经对公司的处境做了完整的分析。斯科特的分析结果认为，实现这些增长方案所需要的人才与公司之前分配给这些增长方案的人才存在巨大差距。

幸运的是，哈斯曼公司拥有一个严格的绩效考核制度，员工被划分为三个层次：优越（约占总数的20%）、良好（中间的70%）和不符合预期（底部的10%）。

斯科特运用这些信息创建了一幅图，并展示给他的同事。这幅图在纵轴上标出了该公司的各个增长计划，在横轴上标出了分配给各个增长计划的人才的情况，它清楚地表明该公司并没有给各个增长计划分配足够多的优秀人才。原因终于找到了！

第三章
增长是王道

对于每一个寻求增长的公司而言，换句话讲，也就是说对于所有公司而言，这幅图都应该会影响到其事业的成败。我们重复一句：这个图会改变竞争格局。它将人力资源的管理摆在了中心地位。如果你希望提升公司业绩，那就必须用最优秀的人才为公司启动增长引擎。

对我们前文提到的AssuraMed公司来说，幸运的一点是其首席执行官迈克尔·彼得拉斯本人能够充分认识到利用顶尖人才实现增长方案的重要性。他从公司内部遴选了一位非常有潜力的经理，让他带领公司进军泌尿类疾病用品市场。迈克尔相信，这块刚刚起步的业务需要这位经理发挥才能，但他还相信，将这样一位明星员工从其他主要业务上调过来，等于向整个公司响亮地宣布了这个增长计划的战略意义。正如我们在第一章里所讲的那样，这种任命比100次讲话更有说服力。

当迈克尔同这位经理坐下来，向他表达了自己的想法之后，这位经理果然吃了一惊。这是丝毫不足为奇的。

这位经理抗议道："与那个岗位相比，我现在这个岗位更好啊！"

迈克尔表示同意，说："这倒是没错，不过你是公司最优秀的人员之一，新事业需要你，公司需要你。"

实际情况肯定是这样。增长不会自发地实现，必须在优秀人才的带领下才能实现。

为员工提供合理的薪酬

接下来要讲的促进增长的工具很琐碎，也最现实，如果你愿意的话，也可以说是最容易让人发牢骚的。

这个工具就是评价员工为公司业绩增长做出的贡献，并给予相应的奖励。

我们在上一章里讲过，只要你不被海量的大数据淹没，大数据还是非常好的。还记得这一点吗？你可以回想一下，我们的意思就是说，现在大数据可以告诉你很多事情，但其最佳的用途是帮助你把精力集中在能够真正促进增长、降低成本的事情上。

当然，促进增长与降低成本是相关的。盈利水平的真正驱动力是什么？是销售额、利润、客户获取成本，还是客户保持率？是改善你的产品特性，还是签订长期服务合同？

也许你已经知道这些问题的答案。

但是你后来评估和奖励了员工的贡献了吗？不要不假思索

地回答"是"，原因如下。随着时间的推移，公司的业绩和薪酬体系往往会僵化过时，而且在今天的世界，由于技术变革速度非常快，业绩和薪酬体系僵化过时的速度可能比之前要快上10倍。因此，你可能认为你公司的制度能够准确地评价员工的贡献，并为他们提供合理的回报，但这种想法可能是不准确的，而且在更大程度上是一厢情愿的。

我们再看一看AssuraMed公司的例子。当迈克尔·彼得拉斯刚刚出任该公司首席执行官时，他惊讶地发现销售团队的业绩评价体系和薪酬体系竟然都是以之前的销售业绩为依据的。

更具体地说，历史上的销售业绩会给销售代表们带来更多的提成，而开发新客户和对外电话联系带来的提成则比较少。结果导致一些销售代表将大部分时间用于管理现有的大客户，而不是去开发新客户，这种制度安排能给他们带来更多的提成，但对于公司的增长前景几乎起不到任何作用。

接下来谈谈迈克尔是如何解决这个问题的。

不久之后，迈克尔改变了公司的薪酬体系，以销售额、利润和新客户增加情况作为评价依据。一些销售代表并不激动。难道你能责怪他们吗？多年以来，他们一直小心翼翼地管理着几个现有的大客户，他们大部分提成都是依靠这些大客户获得的。但鉴于公司增长更快的前景，大多数销售代表决定试一试。果然，AssuraMed公司的收入和利润率很快得到了提高，达到了前所未有的水平。此外，新体系还允许更多的销售代表参与到促进公司增长的过程中。最后，在没有经历太多痛苦的情况下，销售代表们和整个公司在转型中得到了巨大的好处。

现在，我们充分认识到，每隔几年就重新审视或重新制定公司评价与薪酬体系听起来有些麻烦。我们能理解这一点，就像我们一开始所说的那样，这是很琐碎的一件事。

但薪酬体系往往停滞不前，在一个缓慢增长的世界中，要刺激一个公司实现快速增长，与时俱进的薪酬体系也是一个制胜之举。

通过任何必要的手段拉拢那些抵制增长计划的人

在谈到最后这个提升业绩的方法时，我们要再次看一看冰壶运动，似乎这项运动能给我们提供无限的启发。

在第一章里，我们提到，一名选手掷球时，另外三名队员在冰壶滑行的前方快速左右擦扫冰面，使冰壶能够准确到达营垒的中心。优秀的领导者应该像擦扫冰面的选手一样，竭尽全力地帮助下属扫除前进道路上的障碍。我们所说的障碍，是指愚蠢的官僚主义造成的困难和桎梏。

这个原则也适用于促进公司业绩的增长。除了官僚主义思想对增长计划构成的障碍之外，难道就没有其他障碍了吗？不！还有来自公司内部的障碍。有些老员工会抵制新计划，在他们的思维中，制订新计划也是有风险的，不值得公司投入那么多的资金和精力。

他们讨厌新计划。

他们抱怨说："这种增长计划是高管们讨论出来的结果，是不会有未来的，我们挣钱，他们只会花钱。"

这其实是人性的一种体现。

现在，从某种程度上来讲，这种抵制不会完全扼杀一个新的增长计划。他们所做的只是嘀嘀咕咕地表达不满和抱怨，不是吗？但从另一方面来讲，他们的小伎俩也会产生实实在在的不利影响。当需要他们分享客户或供应商的信息时，他们可能会拖拖拉拉。在会议上，他们可能会保留重要的或有用的信息或想法。他们可能会找到一千个不配合、不协作的小方法，从而降低增长计划的成功概率。

最糟糕的是，他们可能会用各种各样的借口将其部门内最优秀的人才隐藏起来，不让你调动他们去落实新计划，比如，他们可能会说："我们在这个季度不能把玛丽借给你用，客户不会允许你这么做。"也可能会说："今年约翰不想换岗位了，他的孩子快出生了。"这种隐藏人才的行为是内部抵制者最严重的"罪行"。开创一项新事业比经营一个市值3亿美元、拥有50年历史、客户稳定、制度完善的公司困难得多。

因此，最后这个工具就是要尽力拉拢那些抵制新增长计划的人。识别他们，化解他们的不满，然后使他们改弦更张。有时候，有针对性地和他们开展一次深入谈话，跟他们讲讲公司的使命和理想的行动方式，就会起到作用。此外，如果祭出撒手锏的话，肯定是有用的。所谓撒手锏，就是将这些保守派的很大一部分奖金与新增长计划的成功程度联系起来。在这种情况下，钱包可能会促使他们集中精力，帮助你实施好新的增长计划。如果这也不奏效，那就必须让他们离开公司了，不然的话，他们会扼杀增长计划的。

不管你选择什么策略，一定要记住一点，即每一个增长计划都会面临激烈的外部竞争，领导者的职责（我们指的是各个级别的领导者）就是确保在公司内部不存在任何竞争。

我们怎样才能促进经济增长呢？在每一个行业，每一个地方，这个问题都同样存在。无论我们去哪儿，每一个跟我们聊过的人都想知道如何在这个增长日益缓慢的世界里实现更快的增长。对于这个挑战，我们给出的答案就是我们前面描述的这些因素。但事实是，在某种程度上，这本书讲的都是如何促进增长的问题。卓越的领导力会促进增长，卓越的团队会促进增长，卓越的战略会促进增长，大数据处理技术会促进增长，创新的薪酬体系也会促进增长。这真是太好了！

说了这么多，你可能猜到了我们接下来要讲什么。

正是由于采取了上述这些措施，当我们第一次在AssuraMed公司与迈克尔·彼得拉斯谈到他的团队使公司业绩增长了30%时，他告诉我们说他们一劳永逸地采取了所有措施。

是的，他采取了上述所有的正确手段。他招聘新人，为公司注入新鲜血液；在资源配置上没有分散资源；任命最优秀的人才去实现增长计划；根据员工对实现增长目标的贡献提供了合理的薪酬；让创新变成了每个人的工作；如果有人抵制增长计划，他会想方设法确保他们不再这么做。

这一切奏效了。他的公司在2014年保持了增长态势，销售额超过了10亿美元，在我们和迈克尔看来，最值得称道的是这种增长态势让员工产生了良好的感觉。业绩增长激励了每一位参与者,这太令人激动了。

这种增长不仅令人激动,还很有必要。在自然界中,任何不增长的事物都会走向消亡,在商业领域也是如此。毫无疑问,目前是全球经济增长缓慢的时期,有时业绩与上一个季度或上一年持平就是一种胜利了,但对于企业而言,业绩增长是至关重要的,只有这样,工作才富有意义和乐趣,如果公司的现状是业绩停滞不前,你会无法接受。

你只会接受业绩增长的状态,这是很好的状态。

第四章
错综复杂的全球化

对于脸谱网（Facebook），你可能喜欢，也可能不喜欢，用"错综复杂"这个词形容人们对它的情感可谓恰到好处。关于这个词的含义，每个用户可能都有一定的体会，你也肯定是这样。

全球化也是如此。

看，如果一个人写一本书，声称能够解决当代公司面临的挑战，却不探讨这些公司在国外市场上的成败得失，就显得有些荒谬。如果一个公司觉得关于如何走向全球的建议很少，那同样显得荒谬，其实这种建议到处都是。

这些建议中，很多都是不错的，有些甚至非常好。下面是一些好建议。我们尽量不讲你听过的建议，而是讲一些通常没人提到的建议，我们相信，这些建议会为你从事国际商务提供切实的积极影响。我们的见解来自（我们中的一个）在一家全球性的大集团里长达40年的工作经历，以及最近（我们两人）又为数十家从事国际商务的公司提供的咨询服务，这些公司分布在各行各业，规模有大有小。基于这些经历，我们认为，一个公司若要成功地参与全球化进程，除了具备一些传统上的要素之外，还要具备四个关键元素。或许你的公司已经碰巧具备了其中一些，而其他元素可能会让你产生耳目一新的感觉。比如，我们很少听到人们谈及公司外派人员洞察力的问题，但我们认为这也许是一个具有"全球性思维"的经理人应该具备的最基本的素质。关于这一点，稍后再详细讲。

无论你是否熟悉这些至关重要的元素，我们接下来就通过提出（并回答）以下四个问题的方式进行逐一探讨。

问题一：你的全球化方案是互利共赢的吗？

你的全球化方案会产生什么坏处吗？如果是这样，你并不孤单。由于某种原因，甚至很多好的、聪明的公司在实施全球化方案时都会带着一种"迅速捞一笔"的思维。它们会通过当地的分销渠道大肆倾销商品，以便迅速开拓新的出口市场，或者会极力将采购成本压缩到几乎为零。整体来讲，就是为了迅速赚钱。

但我们都知道，商业不能这样做，至少可以说，这些方法不是长久之计。

以出口为例。

确实曾经有一段时间，大约25年前，西方企业可能出现在外国市场上，雇用当地分销渠道为自己销售产品，并取得了一定的成功。毕竟，在那个年代，西方国家的产品具有很高的附加值，东方国家的制造业比较落后，比如，中国还无法大批量地制造出现代化的、高效的农用设备，印度也无法制造出移动式的超声波机器。

今天的中国和印度当然也拥有了训练有素的工程师和先进的工厂。其他许多国家也是如此，比如波兰以及近年来的尼日利亚等国。国内经济健康发展的发达国家和发展中国家逐年增多。经济繁荣景象的扩张的确是非常好的消息。

但这确实意味着当你把钱砸向出口战略时，必须三思而后行。你需要问问自己："我们真的拥有目标市场渴望和需要的独特之处吗？我们的技术真的与众不同，而且具有革命性影响吗？我们能保护自己的技术不被竞争对手轻易复制并以低价售出吗？"如果其中某个问题的答案是否定的，那么你的分销商可能会赢，而你很有可能会输。

我们在这里发出一个警告，这是一个很大的警告。如果你的产品和技术不具有独特性，那么品牌强大也可以大大缓解由此造成的负面作用，推动你创造出一个互利共赢的局面。想想看，米勒酿酒公司拥有的帕布斯特蓝带在中国是一个顶尖品牌，一瓶啤酒能卖出30多美元的高价。雀巢公司的奇脆（Kit Kat）品牌在日本颇受欢迎，产品多达80种，其中包括大豆、烤玉米以及柠檬醋风味的产品。当然，这类例子不仅仅局限于易耗品领域。耐克、苹果、香奈儿和美国运通都是全球性的大品牌，肯定能够使它们与其他国家的合作伙伴创造出双赢局面。

我们在这里要补充一句，缺乏国际知名品牌是中国在今后10年里面临的最大挑战之一。中国的国际知名品牌屈指可数，不是吗？这与日本和韩国形成了鲜明对比，这两个国家分别在过去40年和20年里投入了数百亿美元发展制造业，打造了多个家喻户晓的国际知名品牌，比如韩国的三星、LG和现代。谁知道中国何时会迎头赶上呢？可能需要10年，也可能需要更久

第四章
错综复杂的全球化

一些,但对于那些希望依靠品牌影响力增加对中国业务量的出口商而言,都是不可错失的良机。

谈过品牌问题之后,接下来聊聊采购问题。如同出口一样,采购也不能按照过去的方式进行了。不要再想着如何压榨你在外国的合作伙伴,在 1985 年的时候或许可以这么做,今天还是忘掉这种做法吧。今天,如果你在外国的生产商得不到合理的好处,如果没有真正互利共赢的局面,你的"安排"最终就会泡汤。

关于互利共赢式采购,我们喜欢援引"大卫新娘"(David's Bridal)的例子。"大卫新娘"是美国最大的婚纱零售公司。根据该公司总裁保罗·普雷斯勒(Paul Pressler)的介绍,"大卫新娘"之前一直是从中国工厂采购精细的缝纫制品,这种情况持续了很多年,到了 2013 年前后,该公司考虑到中国不断上升的劳动力成本、政治不确定性以及被垄断的物流,开始觉得这种采购方式会给自己带来太多的风险,便决定扩大采购源,开始与一家斯里兰卡的工厂合作,经营这家工厂的企业家能够以具有竞争力的价格制造高质量的商品,并在这方面有过很多成功的经验。

"大卫新娘"为这家工厂提供了 25% 的资本,提供技术培训，签订了一个为期5年的先期采购合同。这样一来，这个企业不仅能够扭亏为盈，还能获得外部资本投资。保罗·普雷斯勒总裁解释道："对我们而言，供应链是一个非常强大的武器，我们要让斯里兰卡的合作伙伴感受到我们的重要性，它也要让我们感受到它的重要性，这样我们才能长期合作。"

"长期"这个词说得非常好。最终而言，要创建一个全球性的公司，互利共赢才是关键，是否互利共赢，会影响合作事项。

在联合利华长期担任高管、现在供职于私募公司的文迪·邦加（Vindi Banga）对于全球化有着丰富而深刻的见解。他讲述了人们再熟悉不过的故事，即很多合作伙伴最终分道扬镳。他说："一开始一切都很棒，每个人都在微笑和握手，这一切感觉很平等。大公司认为自己为小公司带来了技术和品牌，小公司认为自己帮助大公司拓展了市场和人脉，并熟悉当地的监管事务。这是一个不错的、公平的交易。"

文迪·邦加认为，对这类合作关系而言，5年是一个关口。一开始，合作可能非常成功，大公司的销量迅速增加，所以它想扩大业务规模。有时候，它通过收购当地合作伙伴实现这一目标，而有时候，这些合作伙伴可能会觉得自己被利用了，甚至会很生气，觉得自己被压榨得太严重，于是拒绝被收购，原来的合作关系也终结了，双方从合作伙伴变成了竞争对手，这是一种不太理想的结果。还有一些情况是，大公司向其合作伙伴提出了一个交易方案："我们各投资5 000万美元，在当地新建一个合资企业。"当地合作伙伴由于规模较小，在银行根本没有这么多钱，而且做梦也不敢想象自己能贷这么多款，很可能会表示反对。在大多数文化环境下，这个提议是令人尴尬的，所以当地合作伙伴可能会说"你扩张得太早"，或者会说"这样扩大规模的话，我们不会挣很多钱"，从而拒绝共同出资。这样一来，大公司可能会恼火地对小公司说："你这样会拖我的后腿，我们有很多竞争对手，必须超越它们。"

文迪·邦加说："他们反复争吵，都想说服对方，麻烦就开始了。"合作关系开始崩溃。这种崩溃通常是从内部发生，是在大公司另外寻找了一个"更加愿意合作"的合作伙伴之后开始的。所谓"更加愿意合作"，意味着这个新伙伴的资金实力更加雄厚。原来的合作伙伴就被抛弃了，深深地感觉到自己被那家大公司利用了。

这种问题实在太常见了，文迪·邦加说："这是因为合作伙伴们从一开始就没想过坐下来认真谈谈，没有考虑过5年或10年发展规划的问题。这听起来挺简单，但能做到的人很少。"

相似地，很多公司在管理人员外派期限的问题上也常常存在短视行为。事实上，如果你想看到一个你与当地合作伙伴互利共赢的局面，绝不能一到两年就换掉一批驻外管理人员，因为持续的人员更迭会导致当地的合作伙伴感觉困惑和麻木。而公司那些外派人员的感受如何呢？下面是文迪·邦加所说的："第一年是无用的，因为你不知道将要留下还是回去。每样东西都要学，你会经常感到困惑。你睡着的时候，国内公司的人是醒着的，而你醒着的时候，国内公司的人却睡着了。"

"到第二年，你开始了解当地的习俗和市场情况，开始建立你需要的关系。到第三年，你终于可以开始正常运作了。"

对，到第三年，你才可以正常运作。但就在这一年，很多外派人员也开始同国内的老板商量结束外派的事情了。他们疲惫不堪，想念他们的亲人。但坦率地说，这也是工作情况刚刚开始改善的时刻。

要记住一条根本原则：如果你的目标是让自己和国外的合作伙伴实现互利共赢（总体上，我们认为这种互利共赢很有必要），那就在公平的前提下开展合作，并且像购买并发症保险一样，在外派期限的问题上做长远规划。

问题二：你的外派人员拥有"洞察力"这个最宝贵的品质吗？

陈词滥调之所以被称为陈词滥调，是因为它们都是真实的大白话，比如你要把最好的、最有才华的员工派到国外。表面上看，外派的生活似乎很迷人，但实际上却是非常艰难的，要处理各种具有当地特色的事情，要排除重重障碍，要接触官僚作风很重的政府官员等等。毫无疑问，在国内经营一个市值5亿美元、具有50年历史的公司比管理一个在波兰或中国新设的分支容易得多。前者制度完备，客户稳定，一往无前，而后者却经常遭遇磕磕绊绊，时进时退，步履维艰。

此外，每个人都知道外派生活的难处，尤其是当外派期限长达数年之久时。我们之前也提到过这一点。你的员工有自己的家人和朋友，有自己的房子和爱好，有自己渴望的职业发展道路，他们害怕被遗忘。这是有原因的。正如《欢呼》(Cheers)这首老歌里一句耳熟能详的歌词所说的那样："有时候，你想去一个人人都知道你名字的地方。"事实上，对任何人而言，不只是"有时候"，很多时候都是如此。

这就是为什么那么多公司最后的外派人员并不是非常正确

的人选的原因。它们外派的是非常渴望出国的人、雄心勃勃的人、富有冒险精神的人、资深旅行家、持有两本护照者、碰巧生活在印度的MBA学员。很多公司在遴选外派对象时，往往倾向于从人力资源部门或业务部门选派还有两年就退休的经理，而且不介意多花一笔钱请这些经理的配偶跟着一起出国，就当请他们度个小假。虽然这些人里面，有一些人，甚至很多人都拥有宝贵的技能和能力，但太多的人缺乏洞察力。我们的经验告诉我们，洞察力是外派人员应该具备的一个最重要的素质。是的，洞察力非常重要。

洞察力是什么？最基本的一点就是良好的判断力。在这种情况下，或者可以更确切地说，洞察力就是同时具备商业头脑、文化敏感性和古老的智慧。外派人员要有能力、有自信地知道何时推进公司的意志和行为方式，知道何时保持克制，以尊重当地的习俗和道德观念。

迪士尼公司的两个故事能够说明我们的意思。

当初，迪士尼公司在日本开设第一个分公司时，公司高管们最初设想在入口处安排一批热情洋溢的迎宾人员，让客户在入口处就能感受到迪士尼乐园的欢乐氛围，从而为客户带来一种强烈的、激动的互动体验。

第四章 错综复杂的全球化

但迪士尼的日本高管坚决反对这个计划。他们解释说，日本消费者习惯了在门口礼貌地鞠个躬，并保持一定的距离。他们声称，其他做法不仅会造成尴尬，还会被视为不礼貌的行为。

迪士尼公司派驻日本的负责人听到了这个消息，但依然决定设置前台迎宾人员。迪士尼公司的高管们认为，以友好的态度接触客户，给他们带来良好的体验，是迪士尼品牌基因的一部分，日本客户一开始可能不喜欢迎宾人员，但他们会越来越喜欢他们。事实上，日本客户的确如此。迪士尼乐园刚刚开张两年的时间，东京迪士尼商店的盈利率一跃成为同类商店之最，而且值得注意的是，东京许多"本土"的百货商店现在都效仿迪士尼乐园和迪士尼商店，设置了迎宾员的岗位。

与这个故事形成鲜明对比的是，迪士尼公司在香港开设主题公园之前，决定放弃迪士尼的基因，屈从于当地的一个重要习俗。保罗·普雷斯勒在加入"大卫新娘"之前，曾经在迪士尼公司工作了15年。正是他给我们提供了这些逸闻趣事。当时，在一个至关重要的问题上，迪士尼公司的一些人存在分歧。这个问题就是迪士尼乐园里面的餐厅究竟应该如何摆放座位。

在世界各地的迪士尼乐园中，餐厅为客户提供大小不一的餐桌，开放时间往往延续好几个小时。保罗回忆道："我们在香港项目的市场调研阶段了解到，在香港文化中，人们习惯于集中在某一个时段吃饭，而且外出吃饭时间基本上集中在中午，所有人围坐在一个桌子，或者一大群人坐在一起。"

迪士尼公司再一次开展讨论并做出决定。人们如何吃饭并不牵涉迪士尼品牌的基因，如果执意改变当地饮食习俗，并不会改善客户在迪士尼乐园的体验。因此，香港迪士尼乐园的餐厅在设计和配备人员时设置了一些大的餐桌，就是考虑到人们会集中在中午吃饭的情况。最后，当地的饮食习惯得到了优先考虑。

迪士尼公司再一次取得了成功，这也要归功于洞察力。我们知道洞察力是一种非常微妙的能力。但如果你见识过一个人的洞察力，你会认识到它的确存在。各种大大小小的决策都会受到决策者洞察力的影响，洞察力的表现形式包括良好的判断力和自信。当你在总部工作时，或者当你与外派的经理们共同商讨如何处理一些比较棘手，往往也很重要的分歧时，要注意发现具有这两种优秀品质的人才。一旦发现了，就要牢牢抓住他们。他们会最大限度地提高你在外国的事业取得成功的概率。把他们外派到世界各地，他们都能发挥积极作用。

问题三：你认真考虑过风险吗？

如果你的公司要走出国门，开创海外业务，肯定会承担一系列新的风险，这是不言自明的。要处理好这个现实问题，第一个方法，也是最明显的方法当然就是减少对某一个国家的依赖性，尤其是在采购问题上。顺便说一下，"大卫新娘"之所以决定与斯里兰卡一个工厂建立合作关系，主要原因就在于此。虽然该公司对于中国的合作伙伴也很满意，但保罗说他们还是觉得可能会遭遇太多风险。

管理全球风险的第二个方法也是显而易见的：*严格合规经营*。无论在哪个国家开拓业务，无论当地的规定如何，比如，无论当地是否允许员工每周工作 7 天，无论当地是否允许直接投资设厂等等，你都要严格遵守。此外，由于美国的规定往往比其他国家的法律更为严格、安全，更加注重保护工人权益以及保护环境，因此，如果其他国家的规定没有美国规定那么严格，你也必须从严要求自己，在遵守当地规定的同时，还要遵守较为严格的美国规定。在各个流程中，你都必须认真思考"全球最佳惯例"。这会给你带来更大的成本吗？当然会。但没关系，因为事实证明，如果你不严格合规经营，一旦发生事故，付出的生命与财产代价会大得多。

你知道很多悲剧都能够印证我们这种观点，这种案例太多了。因此，要慎之又慎，严格合规经营。

说到合规经营的问题，有时候可能会有人向你建议给某人一些"辛苦费"或"通融费"。要当心，这是贿赂的开端。你可能会感到震惊，而你也应该感到震惊。当然，一些当地人可能会告诉你"别担心，这里办事都是这样"。你的一些同事由于连续多年承受着很大的竞争压力，为了赶上对手，可能会睁只眼闭只眼。然而，无论别人怎么讲，你都要坚持住，要转身而去。无论别人说什么，你都可以捂住耳朵不要听，不要屈服于他们的想法。是的，从短期来看，你在一些业务上可能会败给其他采取不正当竞争手段的公司，但从长期来看，你这种做法会得到回报的，你会成为正直的典范。你遭受的风险也会小得多，更不会出现良心难安的问题。

在这一点上，用文迪·邦加的话说，"只需要一个错误，就足以毁灭用数十年时间精心打造的道德操守方面的声誉。"公司领导者在发现和惩处贿赂行为时必须冷酷无情。他补充说，"更重要的是，必须让别人看到你冷酷无情的样子。"私下惩罚贿赂者是没有意义的，起不到警示作用。

第四章
错综复杂的全球化

最后，在风险管理方面，人们百说不厌的一个问题就是要不辞辛劳地管理好细节问题。这是非常重要的。

在管理细节时，真的要事无巨细。你不能把海外活动委托给一个代理，在早期发展阶段更不能这样做。很多贸易公司、咨询公司等机构总是一厢情愿地认为自己认识当地人，了解当地的习俗和管理规定，当地人会向你表示希望助你推动扩张的意愿，而事实上，其中有些公司和个人也确定会产生积极作用，但当他们做事的时候，你仍然需要亲自待在操作间里，甚至站在他们旁边盯着。

我们不妨思考一下著名室内设计师邦妮·威廉姆斯（Bunny Williams）的例子。在长达40年的时间里，她都是一位"个体执业者"，到2010年，她决定开一家品牌家具公司，销售各种海外生产的家具。在全球化时代，企业家是一个全新的商业理念。全球化不仅仅局限于大公司，很多小公司也有海外业务，而且有些小公司还开创了其行业内的最佳做法，比如，邦妮·威廉姆斯的家具公司就是一个典范。

今天，邦妮的业务蓬勃发展，她提出了下面的好建议。她说："仅仅依靠电话或网络，你不可能走向全球。你必须去那里，进入工厂，建立人际关系，与工匠交谈，站在那里看着他

>> 商业的本质　THE REAL-LIFE MBA

们工作，看着他们把你的货物包装和装箱，和他们谈谈物流问题。没有人可以比你做得更好，因为没有人比你更关心这些事。"

邦妮的公司刚刚成立时，她每年都会拿出6个星期的时间去拜访她在中国和越南的制造商。为了进一步做好质量和交付方面的风险管理工作，她一开始在每个厂下的订单非常小，每次只订购100件家具。

邦妮解释说："我财力有限，不可能亲自过去提出各种各样的要求，但我可以提前做好功课，研究透每一个细节。这需要时间，但必须这样。"

重要的是，当生意有了起色，开始正常运转之后，仍然不能减少这样的时间投入。直到今天，邦妮依然坚持拜访她的工厂，每年至少两次，每次花上几天的时间，在翻译的帮助下，与工厂的经理和工匠们谈谈。她坦诚地说："这样行程紧，很累人。"

但要想认真降低风险，就要这样做。除了采购渠道多元化、严格合规经营等大面的、明显的事情之外，你还必须不辞辛劳地考虑一些小问题，有时甚至连鸡毛蒜皮的小事都要亲自处理。

问题四：我们充分开发了海外业务的潜力吗？

如果你知道有人去纽约看自由女神像，却没有到百老汇看演出便打道回府了，你肯定认为他们是傻瓜，对吗？用这种方式开展海外业务的公司简直太多了，比如，它们在印度建立呼叫中心，在印尼制造鞋子，但在这些国家的业务仅仅局限于此，并没有充分开发这些海外业务的潜力。

这种做法具有盲目性。一个企业走出国门需要付出高昂成本，也会涉及很大的风险，要实现盈利，可能需要数年的时间。但大多数企业往往没有认识到，当你在某个国家开拓市场之后，就能够以该国为根据地，因利乘便地开拓邻近国家的市场，只要这种做法像我们之前所说的那样具有互利共赢的性质，就足够了，就能提高盈利。比如，当"大卫新娘"开始在中国采购时，它的目标是为美国新娘降低婚纱价格和缩短交货时间，但它很快就意识到，以中国的业务为基础，趁机开拓日本和巴西的市场也具有可行性。事实上，越来越多的公司利用其海外业务总部将自己的产品销售到了全球各地。

充分利用海外活动的另一种方法就是利用它们进行创新。

是的，创新。你运作的每一个海外市场都是一个实验室。

以邦妮·威廉姆斯为例。在参观越南工厂时，她注意到工匠们在制造一个当地的产品时使用了喷漆。她说："那看起来很漂亮，我回国后设计了一系列全新的喷漆家具，委托他们制造出来，结果引起了强烈的市场反响。"同样，当联合利华刚开始在亚洲卖洗发水的时候，它很快就意识到大多数消费者不舍得买一整瓶。作为回应，该公司推出了小包的洗发水，几美分一包。联合利华做到这一步本来已经很好了，但该公司发现这个想法在其他市场显然也有潜力，便很快将其推广到了世界各地，取得了非同凡响的成功。

因此，请记住这样一个观念：全球市场不只是用来出口或采购的，它们也有助于促进学习和创新。

错过这个机会，就错过了走向全球过程中的一半乐趣和价值。

正如我们一开始所说的那样，关于企业如何走出国门，走向全球，存在一大堆的建议。权威们提出了自己的意见，教授们不断宣扬自己的主张。在国外市场摸爬滚打多年的"老兵"也会讲述自己的奋斗经历。这些建议，包括我们提出的建议，并不会减少企业在走向全球过程中面临的复杂因素。要知道，在国内做生意已经够复杂了，何况在国外呢？

但我们认为这里提出的四个问题能够切切实实地帮助企业成功地走向全球。让每一次合作实现互利共赢。只外派具有洞察力的人才；认真做好风险管理；不要单纯地把海外业务视为海外业务，要认识到它们是扩张和创新的前哨。

做好这些之后，令人激动的时刻就要到来了。如果措施得当，走向全球会给一个企业和它的全体成员带来很大的回报。

第五章
财务其实很简单

如果你是在华尔街工作，或整天在会议室和办公室小隔间内从事公司财务工作，或已经拿到了会计专业的学位和注册财务分析师的资格，那么这一章就并不适合你读。

本章适合的读者是那些在商界工作却又对财务有着恐惧感甚至厌恶感的人们。

对于这样的读者，我想说："大家好，你们的人数还真不少，而且其中相当一部分已经不是从业新手了。"我们总能一次次地听到，对于相当一部分的老手来说，财务也会多少让他们心生恐慌。

第五章
财务其实很简单

要说清楚的是,这里提到的财务并非那些一般性的基础概念,像收益、开支和净收益等,这些概念简单明了,一般刚入门的人都能懂。而且对于大多数入行一年到两年的人来说,他们已经了解哪些数据表明了他们团队或部门的业绩。对于从事制造业的人来说,这些数字可能是库存周转量和单位成本;对于从事市场营销的人来说,这些数字可能是结清的账户数、维系的客户数和销售额的增长率;而对客户服务中心的经理来说,这些数字则会是接电话所用的时间、中断的通话数和留存的员工数。

不,我们所要谈论的并非这些。我们所提到的对财务的恐惧指的是,当你在为上级主管演示预算之前会感到些许的胃部恶心或不适。这可能是因为你担心自己的数学不够好,不能真正地明白PPT(演示文稿)页面上那些数字的含义,也有可能是你在和财务主管们开会的时候被他们满口乱飞的缩略词搞昏了头,哦,老天哪,那些词真是满天乱飞啊,什么DCRR(内部收益率)啦,EBIT(息税前利润)啦,EBITDA(息税折旧及摊销前利润)啦,诸如此类。

基本上,财务之于你就如同一门异国语言,而这个国家你从来就没有去过。

本章的目的就是帮你解决这个"问题"。当然，我们并不是承诺能让你快速成为专家，不管用什么方法这都是不可能的。财务就像商业领域里任何一项活动一样，是一个微妙的知识集成体，需要花很多年才能掌握。但是听好了，想在巴黎享受美好时光并不一定非要说一口流利的法语，你只需要了解一些日常出行必要的语句，认识一些可以让你的旅行有意义的路标即可。将这些知识结合在一起，你就可以从一个晕头转向的游客摇身一变，成为一个熟门熟路的旅行家。

在财务方面也是一样。有一些术语是你必须熟知的，首先就是现金流，还有资产负债表和营业损益表的构成元素。但最重要的是，你需要有一幅精神地图，当然你也可以称之为一种思维模式，它会告诉你："关于财务，我的主要兴趣是差异分析。"

哦，我们简直太喜欢差异分析了：将每个月或是每年的重要数据放在一起比较，或者将它们和原来的计划相比较，看看哪些部门的业绩好，哪些不好。在考虑收购的时候，我们特别喜欢通过差异分析来检验那些在做预测时提出的假设条件。在长期规划的过程中，我们也喜欢在差异分析的推动下问这样的问题："你因何认为我们的竞争对手会在我们占有份额的时候按兵不动？"我们希望读完这章之后，你也会喜欢上差异分析，因为它就是财务领域中会让人发出感叹的喜悦部分。这一部分会促使你仔细研究那些数据，认真审视、权衡它们的重要性，并评估它们会带来或阻断的机遇。正是在此激励下，你才有动力去理解那些数字真正的含义，这个方法会让你做出更好的商业决策。

财务中的差异分析就是要探求真实的情况。它是一场讨论，与其他的讨论相比，它更能揭露现实世界中的所有可能性、风险性和复杂性。它是一盏聚光灯，同时也是一个显微镜，是一个用途极大的超级工具，而你唯一需要惧怕的就是如果不对它加以使用的话，你就会错过很多。

我们的生意运行到底有多健康？

在开始讨论财务报表和差异分析的构成元素时，我们先简单地谈谈其他相关的事情。

很多情况下，人们会来问我们："作为一名经理，什么数据才是我最应该关心的？"或者换一种说法，"哪个财务数字能最好地反映出我们整个公司的健康状况？"有些时候这些问题后面会紧跟着人们自己认为的答案，比如以下这种："是投资报酬率（ROI）还是销售利润率（ROS）？"或者"是速动比率吗？"诸如此类。

唉，要是商业运行的健康状况真的可以只用一个数字来表示的话那就好了。

毋庸置疑，只用一个数字来表示是不可能的。但是如果你是在做生意的话，无论你经营的只是一家街角小店还是一家综合产业的跨国公司，我们告诉你的都是，有三个关键的指标会对你十分有益：员工敬业度、客户满意度和现金流。严格来说除了第三个，前两个指标都并非属于财务范畴。

首先来说说员工敬业度。无须赘言，所有企业，不论大小，除非其员工精力充沛，相信并知道如何去实现公司使命，否则企业不可能取得长期胜利。这也是为什么企业需要评估其员工敬业度，至少一年一次的原因。评估可以通过匿名调查的形式，这样人们就会放心地有话直说。

但是要小心的是，如果你可以引导测试的话，最好不要让公司陷入这样一个普遍的陷阱中，即最后所有的调查都变成了关乎细枝末节的问卷，比如公司餐厅食物的味道怎么样，停车位好不好找等等。最有意义的调查应该探测到员工们对公司的战略方向以及他们对职业发展前景的看法。调查的问题应该像

第五章
财务其实很简单

这样：你能感觉到公司对你的关心吗？你觉得公司给予你发展的机会了吗？你觉得自己的日常工作和公司领导在讲话和年度报告中所说的有关吗？基本上，好的员工调查的核心问题就是，我们公司齐心协力吗？

我们在第三章中提到过，业绩增长是所有公司长期生存能力的关键，所以客户满意度是第二重要的指标。我们相信，对其最佳的衡量方式就是进行实地考察，考察的对象也不能仅仅局限于公司的"忠实"客户。经理需要去拜访那些订单量不稳定或下降的客户，这些客户都是销售人员不愿意去拜访的。在拜访客户过程中要注意总结经验与教训，并从多个角度反思："我们如何才能做得更好？"

除了这些考察之外，我们也建议运用 NPS（净推荐值），这是由咨询顾问弗雷德·赖克尔德发明的客户满意度测评系统。NPS 主要关注的问题是："你愿意从多大程度上向自己的朋友或同事推荐我们的公司、产品或服务？"据传，客户最喜欢的商家亚马逊和苹果公司在满分 100 分的净推荐值分数中拿到了 70 分左右，而近乎垄断的有线电视产业作为一个整体只得到了 30 分左右。

我们发现，NPS 不仅是得到真实客户反馈的一个极佳途径，它同时也能带来绝妙的次级效益。我们每个季度都会用NPS来衡量学生对我们MBA项目的满意度，其中的"报告卡"部分引导受测者提供了大量有价值的评论，这让我们的团队受到了极大的鼓舞，也给了他们庆祝的理由。从结果看来，NPS不仅评估了顾客满意度，如果公司领导可以利用它来快速解决客户的问题，它还可以提升员工敬业度，可谓是一箭双雕。

最后，当谈到衡量一个公司的健康状况，还有一个考量因素就是现金流。正如我们以前提到过的，如果想在财务方面如鱼得水的话，这也是一个必须知道的术语。

首先告诉你一个好消息，现金流并不复杂。

所有公司都通过三种方式来追踪现金流。经营活动现金流是指常规商业活动中流出的资金，基本上就是减去所有支出后所剩的收入。投资活动现金流主要反映了一个企业买进或卖出的主要资产以及其在财务市场中的收益和损失。融资活动现金流代表了新股本和现金股利的净值，也代表了公司债务状况的变化。

关于现金流，我们要了解的最主要一点就是，它不会说谎。它通过真实确凿的数字来告诉你出账多少、进账多少以及现存多少。这也是为什么很多经理和投资人更喜欢用它而非净收入来衡量公司获利。净收入是通过损益表计算出来的，而损益表中包含太多的假设和主观判断。从另外一方面来看，自由现金流会让你了解公司的可操作性，了解是否可以让股东获利、偿还债务、贷更多的款以加快公司发展或是进行任何这些选项的组合。现金流可以帮助你了解并掌握公司的命运。

到此我们知道，毫无疑问，有很多方法都可以衡量一个公司的健康状况，但我们之所以偏爱这三个方法是因为它们正确的方向性，它们会让你很好地了解自己的生意状况。

但只有这三个方法远远不够。有些会议主要以数据说话，你需要在这些会议上向你的老板、董事甚至同事展示自己的预算方案和投资，此时这三个方法就不足以帮你守住自己的阵地。不仅如此，在那些别人为你做演示、你自己需要评估一项预算或投资方案的会议上，仅靠这三种方法你也无法做出判断。

因为大量财务活动都要在会议上经过论证，不是吗？所有人都围坐在桌子旁，盯着雪片般繁多的图表、测算表和预算表，PPT的页面一张张快速翻过，如同梅西百货感恩节大游行中鱼贯而行的花车一般。

在这些会议中，你不可能仅仅当一个旁观者。你需要融入进去，这一点你是可以做到的。

收支平衡

每个公司都有自己的资产负债表，但是在整个职业生涯中你都不用去过多考虑它，除非你工作的地方是一个小规模或新兴的公司，在这些公司里现金就是财务的全部。这是可以理解的，因为关心资产负债表的主要是那些为公司财务状况操心的人，他们需要考虑从市场借用资金，或者批准用来建新厂房或开拓新生意的投资。如果你的公司已经上市了，那么关心其资产负债表的人还包括财务分析师和投资者们，他们所操心的事情包括："嗯，这家公司是否有足够的现金流来完成它声称要做的事？"

简言之，资产负债表总结了一个公司的资产、债务及其股份持有人拥有的股权，表明了这家公司的资产、负债以及个人和市场的投资量。之所以称之为资产负债表是因为其资产和负债均陈列出来，相互平衡。在表的左侧，列出了公司的资产，而在右侧，则列出了其债务和股份拥有者的股权。

资产包含很多不同的种类，它取决于所从事商业活动的具体类型。通常的资产类型包括现金、可收账款、原材料、公司建筑、厂房、库存和固定房产。另外还包括一些无形资产，因为这些资产你一般看不见也摸不着，更不能坐在上面。但是它们对一些公司来说却十分重要，比如良好的商誉、专利、许可证书和版权等。

那负债是什么呢？外行的说法就是所欠的债务。它是一家公司欠的外债，包括短期的和长期的。股份持有者的股权就是公司所有者和市场投资到公司里的钱。

好了，到这里就说完了。

真的，已经说完了。你只要知道资产负债表就是关于一家公司在某个时期内财务灵活性的状况图景就好了。对于那些正在读本章的读者，也就是那些惧怕、厌恶财务的人们来说，这是你们所需要了解的最重要的一点。

而且，如果你不是想成为公司的下一任首席财务官的话，你只需要了解这一点就足够了。

损益表

损益表又是另外一件截然不同的事了。它体现的不是公司的资产流动性，而是它的盈利能力。或者说得更具体一点，它报告的内容是公司的销售额、销售成本以及所有都结算清楚之后剩余的资产。

研究损益表,就好像参观香肠加工厂一样,往往是一件令人不愉快的事情。

而且你要知道的是,所有投身商业的人中,没有人能真正绕过损益表这一关。当然,如果你在公司里担任入门级职位,或者是一位"个体贡献者"的话,你的日常工作就不会受到损益表的影响(或干扰)。但有两件事是确定的:损益表会影响你老板的生活,而一旦你的职业生涯向前迈进,它也将影响到你自己。

举一位女性的例子吧,我们姑且称她为玛丽。数年来,玛丽在一家大型的消费品生产公司工作,她是一位调香师,拥有化学硕士学位和工商管理学硕士学位。她成功地带领过几个团队,并且热情地为几款香水提出过营销理念。后来,她被提升为另一个大众香水部门的总经理。

玛丽填补的是一位之前被解雇的高管之位。在升职之前,玛丽有着各种各样关于变革的想法,尽管有的有点儿不着边际。比如,为怀孕的准妈妈们制作一款香水便是她最喜欢的想法之一。她还坚定地解雇了原来的调香师,因为她认为他们的嗅觉品位已经"过时了",同时她已经看好了一位公司外的香水顾

第五章 财务其实很简单

问,认为应该将其雇用。

这都是玛丽在和她新接手部门中的老员工开第一次会议之前的想法,会上他们讨论了部门的年度预算和长期计划。

会议之后,玛丽可以说心脏病都快犯了。

当然不是真的犯心脏病,而是那种作为经理看到部门数据时感受到的心理冲击,玛丽第一次看到损益责任报告时就是这样。报告上可以看出,部门的营销成本在之前三年每年以5%的速率增长,但同期收益却无甚起色。更沉重的一击是,根据她前任的预测,接下来的三年情况也不会改善多少。

"好吧,我现在总算知道他为什么会不干了,"看到报告的那天玛丽心想,"我都给自己揽了什么烂摊子啊?"

正如所有的经理一样,她给自己揽过来一个故事。是的,每张损益表都讲了一个故事。这个故事有的时候很吓人,有的时候却令人忧心,但也有时候足以让人开一瓶香槟,开始盘算一些宏伟的计划。无论何种情况,损益表都会告诉你很多事情,告诉你生意里的权衡交易以及公司的运行方式。

它是一个关乎过去与现在的故事,更重要的是,它是一张邀请函,邀请你加入一场关于未来的对话。

一场重要的、盛大的、激动人心、探求真实的对话。

数据是用来比较的

如果你只能从本章了解到一个概念的话，希望是下面要说的这个：数据并不仅仅是用来计算的，它们主要是被用来比较的。鉴于此，数据一般会被用于分析差异。

那么，到底什么是差异呢？

差异可以是"计划"中预期结果和实际结果之间的差别，比如："怎么回事？我们上个季度的原材料成本完全失控了。"

差异也可以是你在财务报表上看到的任何实质性变化，不管是增加还是减少。这些变化会让你感到或困惑不已，或心神不安，或是好奇到不禁要问"为什么"。

现如今，每个经理都有自己最注重的财务数据或比率，并会一直关注着它们的差异变化。这是有道理的，在某个行业里有了一定的工作年限和经验之后，你就会发现在这些变化趋势里，哪些是可靠的好消息预兆，哪些是坏消息的先期警告迹象。当然，检查自己最注重的差异变化的频率和你所处行业的性质有关，比如生产周期是长期还是短期，行业类型是科技、工业还是服务业。麦当劳和汉堡王的高层团队当然会每天检查它们的营业收据，但对于大多数生产周期长的企业来说，比如那些制造涡轮发电机或者喷气飞机的企业，它们的经理一般每个月或每个季度才仔细审查一下差异变化。

说了这么多，主要是为了给你们一些选项来考虑。我们认为应该依据我们的经验和估测来为你们提供几个差异变化的例子，从而向你们证明它们数十年以来的重要意义。

销售额和净收入都是需要持续审查的重要数据。但事实上，很多公司的这些数据虽然可以清楚地告诉你公司过去的经营状况，但不能有效地预测公司未来的发展。相比之下，订单数量和各个部门的职位数量在预测未来的销售额和成本时却格外有效。订单处理速度的大幅上涨是个好消息，但同时这也表示在总产量和总成本方面需要做出调整。同时，查看各个部门的职位数量也是个好方法，我们可以以月、季度或年度为单位来对其进行审查，从而了解企业雇用了哪方面人手，以及为什么要这样做。比如，有新项目要运作吗？或者，有人在扩张自己的权力范围吗？至少，这个数据可以很好地预示成本结构中所发生的变化。

我们的建议是，营业毛利润率和流动资金周转率上的季度差异是最好的指标，它们可以表示一家企业的效率走向。很显然，你会希望这些数字保持高水平并且稳步的增长。

从更长的时间期限上来说，我们会更喜欢密切关注投资回报率和市场份额。前者提高会让投资者们感到高兴，同时它也确实应该增长；后者反映了客户的满意度，关于这个衡量标准我们在前文已经提到过。

再重复一次，我们提到这些数据是因为从经验来看它们都很有用。但是更重要的一点是，如果你并不了解财务却从事财务工作的话，那么差异分析则是你需要关注的部分，不论你参加的是一场小规模的、不正式的论证投资项目的会议，或是一场正式的预算审查会，还是一场要对所有事项进行长期规划的会议。

要一直专注于差异，并运用这些差异来挖掘人们的假设、希望、恐惧和议题中的真相。

认真审阅，努力核查

让我们暂时把话题转回到玛丽身上，前文中提到过的香水企业的总经理。你可能还记得，玛丽刚一接触自己部门的财务状况，就发现情况紧迫，营销成本不断上升收益却无甚起色。

她的反应无懈可击。她和自己的团队一起在会议室里闭关了一整天，去吃透数据。用行业里的话来说，这也是差异分析过程中的一部分：吃透数据。面对数据，你要逐一审阅，认真分析，要敢于质疑它们的来源以及背后原因，并且探讨一下这些数据的变动趋势以及会引起什么结果。总的来说要做的就是认真地审阅、审阅、再审阅，然后核查、核查、再核查。

在玛丽面临的这种情况下，毫不令人奇怪的是，会议话题很快就转到了部门中不断上升的营销成本上来，而没过多长时间，桌边的人就开始把他们原先的上司推出来作为罪魁祸首，更确切地说是，归罪到原先上司钟爱的社交媒体推广项目上。

"这个项目应该在 18 个月之后就可以回本了，我们都在等着呢。"首席财务官嘲讽道。

"那么，现在是谁在负责这个项目？"玛丽发问道。"它仍然在预算里。现在谁在负责它以及测算它的效益？"

结果答案是，没有人。玛丽立刻组织了一个特别行动小组，组员包括在会的一些人员，来决定这个社交媒体宣传活动是应该保留还是废除，或者做出调整改变。

但是更重要的是，在大家都知道了部门的这个社交媒体宣传项目无人负责管理之后，这反而促使参会人员就部门的营销预算和整体的战略方向进行了一场持续数小时的严格缜密的辩论。"如果这项社交媒体项目被废除的话,"玛丽问道,"那么腾出来的钱要用在哪儿？是将它们投到传统的杂志广告宣传上还是投到研发部门来开发新产品？"有一个人回答："两个都不投怎么样？我们做的是名人香水的生意,要么得到大牌客户的青睐,要么死路一条。"

虽然不是每个人都同意这一论断,但玛丽确保了每个人都可以发表意见。再提醒一次,从不同观点中探求真实情况,是差异分析的一个重要意义。

玛丽和她的团队也认真研究了为什么销售总务管理支出一直在增加。她向人事部门主管发问："人力资源部门真的需要8名员工吗？"一开始,部门主管还不习惯这样直白的方式,他感觉受到了冒犯,反击道："你这是说的什么话？"但来来回回几次之后,他们进行了一场高效的对话,讨论了人力资源部门在寻找、发展、保留顶尖人才方面的作用,谈到了有人觉得本部门的人力资源者并没有做到这一点,以及部门是否可以裁掉一半的人,留下更有能力的人来将工作做得更好。

最后,那天的差异分析引起了一场激烈的辩论,辩论的焦点是那些未开发的却可以赢得收益的资源。玛丽对自己的团队说道："回看过去,我们最好的增速是每年3%到4%。我们要将此作为我们下一年的目标。考虑到未来发展，我希望你们可以提出一些大胆的想法，使我们在三年之后达到这个增速的两倍。下次会议上，我们将讨论明年应该怎么做来实现这个目标，并找出实现过程中可能出现的障碍。"

看，这样的一些对话经常会引起激烈辩论，而这些辩论会令人感到不舒服，但这都没有关系，因为寻求真实可不像坐在泳池边啜饮一杯冰镇果汁朗姆酒那般轻松惬意。

可能也正是因此，差异分析才能让生意做得越来越好，越来越精明。它使得整个团队齐心一致。那这个过程会不会很混乱棘手呢？那是肯定的。

但如果过程并不是这样的话，那就放手干，把它变得混乱棘手吧。

请记住：

要从事财务工作，你并不需要成为一个数学天才，你甚至都不需要太过于了解那些数据。最主要的就是你需要保持好奇心，要一直保持对差异的好奇，因为它们能告诉你生意运行的状况、未来的发展方向、为什么会这样发展以及发展的速度。

从事财务并不意味着在那些技术至上的人嘴里不断蹦出首字母缩写的术语以示炫耀时与他们保持一致，而是说要能够使用数据来找到真相。因为了解这些真相后，你更有可能做出良好的商业决策。

这样的决定基于合理可靠的假设，检验过所有的可选择方法，并且透过表层看到了实质。

不管你在公司里的职位是什么，是一线销售、制造人员还是人力经理，做出好的商业决定就是你的职责所在。

最后，要对你们说的是，数据并不可怕。有了差异分析，数据甚至可以成为你的朋友。

第六章
如何做好市场营销

大概是几十年前吧，具体年份已经不重要了，我们俩中的某个人上了商学院。开学第一天的第一堂课就是市场营销，而课上要研究解决的案例则是菲德克瑞斯的混棉毯子。

事实是，从那时起，菲德克瑞斯的混棉毯子并未改变多少，但市场营销却改变了，并且一直在改变。

我们在此讨论的特指消费者营销，此类营销正广泛变得越来越数据化、社交化、移动化、经验化、定向化、本地化、人性化……关于这些变化我们可以不停地列举下去。

消费者行为领域不断向前发展归功于科技的进步和突破，

市场营销的新世界正变得越来越大胆新颖。所以本章要讨论的并不是市场营销开拓的新领地，而是营销中最基本的东西。我们的目标并不是要将你打造成一位市场营销的权威，这必须具备长期的从业经历，累积了丰富的经验（也许还包括过程中犯的一些错误）才能做到。但是读完这一章之后，我们希望本书的读者，不管身处何种职位、工作于何种行业，都可以拥有提出恰当营销问题的视角。我们的目标就是，在市场营销的会议桌旁你可以得到一席之地，可以发表自己的观点。

我们知道，就和财务一样，如今的市场营销有时候看起来也是难以应付、神秘莫测的，而行业掌舵人也似乎换成了一帮新兴的倾向于数据化的"大师"，他们言必称各种专业术语和缩写词。你肯定听过他们对自己"尖端先进"、"数据驱动"的见解和承诺大吹大擂。以我们的经验来看，这些自吹自擂的"专家"中确实有一些非常聪明，他们了解一些重要的东西，但是另外有很多人却将现今的市场营销弄得像一个极富异国情调的集市，每个摊位都有一个算命先生或是舞蛇者，极力想要向你出售一套神奇的高投资回报率的方案。

随着市场营销中科技革命的如火如荼，消费者们也一直都在变化。他们变得越来越精明，注意力被吸引的时长越来越短，对营销信息也越来越免疫。就这一点举个例子：一项视线跟踪研究表明，很多消费者已经逐渐发展出了对广告"视而不见"的能力：在浏览网页的时候，他们的视线会完全略过网页上可能有广告或宣传出现的区域。类似地，研究还在很大程度上表明，与明显的企业营销宣传相比，消费者更信赖与自己同年龄段的人在社交网络或点评网站上推荐的产品。

难怪市场营销要一直不停地创新，这是必然的。

但是我们要跟你说的是，你不能让自己被这些因市场营销不断变化而带来的杂音扰乱，从而忽略了市场营销最核心的内容，即合适的产品、合适的渠道、合适的价格、合适的宣传信息和合适的营销团队。

市场营销最核心的内容一直以来就是这样，从未改变。

产品：屡经考验，仍然可靠

一般情况下我们都会避免使用学术性词汇，因为它们实在是太学术化了。

但这次是个例外。最先由密歇根大学的杰罗姆·麦卡锡（Jerome McCarthy）教授于 1960 年提出的"5P"结构理论直到现在仍然是一个研究消费者营销的实用方法，这也是为什么直至今日很多工商管理硕士项目，包括我们的，仍在沿用这一理论。(说句题外话，麦卡锡的这一理论原先只包含4个P，之后的几十年里才由其他的学者扩展到5个。另外，在本章中，我们还会从消费者营销的5P理论出发，涉及与之相关但却独立的企业对企业营销中涵盖的原则策略。)

概括来说，5P理论的内容就是：要进行有效的消费者营销，需要选择合适的产品（product）、渠道（place）、价格（prize）、市场推广方式（promotional messaging）和最重要的营销团队（people，也就是企业的运行基础）。

现如今，由于我们在上面所提到过的科技和消费者行为的改变，毫无意外地，自麦卡锡那个年代以来，关于5P理论中好几个元素的讨论都发生了天翻地覆的变化。

但第一个元素——产品，并不在其中。

一项好的产品，不论是过去、现在还是将来，都是市场营销中最重要的一环。即使在今天，大数据、社交网络、搜索引擎优化和价格透明的时代已经来临，超级碗比赛期间啤酒广告的花费已然达到天价，但市场营销中最重要最基本的一点仍然是一项可以改善消费者生活的好产品，这一点永远也不会

第六章
如何做好市场营销

变。诚然,一家企业可以将自己的产品吹得天花乱坠,宣传效果超出其本身价值,但这样的举动将耗费巨大,且不能持续发展。

你不可能将一项表现平平、可有可无的产品一直营销下去。

唯一的方法就是创造出让人觉得"我想要"的产品。这也是为什么无论在哪个行业中,最好的营销手段总是始于产品的研发或是类似的环节。营销的第一步总是对现有产品进行不断改进或是发明让人无法抵抗、欲罢不能的新产品,赋予它们真正有意义的特点和长处。

这一点在 1960 年是真理,在今天是真理,到 2060 年也仍然会是真理。

确实,提到第一个 P,企业唯一需要考虑到的新事物就是市场已经变得比以前更加庞大,竞争商家数量之多也是前所未有的。菲德克瑞斯毯子以前只有三个竞争者,而且它们均是美国制造商。但今天,它的竞争者数量已经上升到了上百个,其中很多还是有全球业务的商家,它们通过线上和线下等一系列平台在全世界出售自己的货物。

产品种类和销售渠道数量的激增主要意味着一件事,那就是想要突出重围、脱颖而出代价不菲。这一过程被称为"推广"。日趋激烈的竞争使得推广变得越来越困难，成本也越来越高。所以，吸引，也就是通过自己产品的特性、长处和品牌故事来拉拢顾客如今变得尤为重要。

所以，当你参加制订营销计划的会议时（这种会议多得是，人们在会上会为了营销计划中鸡毛蒜皮的小细节和各种方法的优劣之处争论不休，这个时候不要忘记，纵观全局、探寻真正有意义的问题的答案是十分重要的：

- 我们销售的是表现平平、可有可无的产品还是让人觉得"我想要"的产品？
- 我们的营销表现是"还不错"还是"棒极了"？
- 我们如此大力推广是不是因为我们产品的吸引力不够？

即使这些问题的答案不是那么让人安心，你也仍然可以继续努力，施行你的营销方案。但是一定要确保你和你的团队在这之后马上回归最原始的步骤，即开始讨论产品这个排在第一位的P，因为它是最重要的。

第六章
如何做好市场营销

渠道、渠道，还是渠道

不久之前，我们的一个孩子去了洛杉矶工作，我们便想到，给她的新公寓买一块小地毯作为乔迁之礼应该会很不错。所以当我们再次去看望她的时候就去买了小地毯。

听起来很简单，是吧？那你就大错特错了。我们发现在女儿洛杉矶公寓的周边有大约30家店铺卖一些可爱的、相对便宜的小地毯，而在网上，则大约有300家店卖同样的东西。这么多的选择，我们简直挑花了眼，几乎都要放弃了。直到后来，我们发现离她公寓差不多5英里开外有一家店铺，店里卖的小地毯和网上卖的质量相当，开出的价格也和网上一样，我们便在这家出手了。走之前我们问售货员："这样你们怎么赚钱啊？"他叹了口气说道："有时候确实不赚钱啊。"

我们希望你能记住这个故事以及其他与之类似的故事，因为你也经历过类似的情况，那就是你的公司开始考虑怎样选择销售渠道，也就是营销中的第二个P的时候。当然也有例外，比如当苹果发售新款手机，或是一家十分火爆的新餐厅开业，抑或是新的《指环王》系列电影上映的时候，当然了，消费者们宁愿等上几个小时，花多少钱都在所不惜，这是毫无疑问的。

但是一般来说，当消费者们的期待值越来越高，当他们想要一样东西的时候，他们就会想立即买到，而且花的钱越少越好。

但是要注意的是，这并不意味着你需要满足他们所有的期待。只有当他们的期待对你的公司有价值的时候你才需要去满足它们。

这听起来像是人人都知道的事情，不是吗？然而，在激烈的商战中，当你看到自己的竞争者通过各种销售渠道铺天盖地地推广他们的产品时，你很容易就会开始考虑你也应该和他们一样，将自己的产品推广得满世界都是，以保证自己不被淘汰。

而有的时候你也就真的这样做了。确实，有的时候在产品营销上你需要花费高成本，甚至亏本，以保证自己的商品知名度或满足重要的销售商。但是据我们的经验，这种情况毕竟是少数。更多时候，这种情况出现是因为和财务部的人相比，营销部的人更具有说服能力或是在企业中拥有更高的组织权力。

所以在这一点上，我们的观点十分直接。当谈到渠道的时候，要考虑的问题并不是"我们能通过多少渠道来吸引人们的注意力和购买欲望"，而是"我们应该选择哪些渠道才能卖出最多的产品从而获利"。

就是这样。

确实，产品是否能够方便地进入市场具有重要的意义。在你的公司里，在你的职业生涯中，这一论点也会被多次提及，而且偶尔你自己也会做出这样的决断。

但是在考虑渠道的时候，不要让公司内部的争论变得太过激烈，从而偏离了在这一方面平淡无奇却又隽永不变的真理：营利性同样也很重要。

价格和消费者接受度

那么现在我们来谈谈第三个元素，这可能是市场营销的5个P之中最直接的一个了，那就是价格。

没有一个从不出错的方法可以让你给自己的产品和服务定下恰当的价格。事实上，你坐在那些没完没了的会议上时可能已经知道，关于价格敏感的消费者到底会对某一个产品做出怎样的反应这一问题，公司内部几乎从没有达成过共识。这种对话最后都会变成彻头彻尾的争论。

但这并不要紧。关于定价问题的争论有益于揭示关键的战略性问题。我们想要什么样的顾客？我们是不是制造了太多大同小异的产品？我们定位的市场范围会不会太狭窄？

但到最后,当战略性对话的所有话题都讨论完之后,关于定价,剩下的问题就只有一个了:

"我们为什么不来一次测试呢?"

随着科技的发展,基于猜测的定价方式早就一去不复返了。价格测试并不困难,而且很快就能得出结果,成本一般也不高。而且它能给你带来新的、强有力的价格灵活性。

线上代销平台 RealReal 就是一个很好的例子,它的销售范围包括女性奢侈服饰和珠宝。(我们夫妻二人也是它的投资者。) RealReal 在很多方面都表现出众,而其表现最佳的一个方面就是它会持续追踪消费者数据从而根据供求情况来动态地调整价格。比如,一条连衣裙在周二上午的 11 点上架,标价 360 美元,到了下午一点的时候浏览量达到了 700 却没有一个人购买,这时它的价格就会下调,比如说 8%。对于每种货物的价格,每一天,甚至每天的不同时间段,网站都会有不同的计算方法。而且这些计算方法也会根据之前测试所得的结果不断进行自我调整。

这些数字都是假设性的,但我们的观点是真实的。在今天,定价就是确定你想要收取的价格(当然,也会与成本和品牌有关)和你认为产品消费者能够接受的价格,然后对两者范围之间的每一个价格进行测试。

总而言之,所有的公司一直以来都是这样做的。但是在今天,你可以做得更快、更有效率,做得更好。

宣传:亮出真功夫

如果你曾经撕碎过广告传单——别否定,谁没这么干过呢?——那么你就已经了解了市场营销第四个P的力量——市场推广,通俗一点说就是宣传。

如果你曾经经历过满屋的人都在为想出好的宣传方案而绞尽脑汁,你就会了解到这有多难。特别是现如今,消费者们都已经对铺天盖地的广告宣传麻痹了,他们也很抗拒在感情上被操控。

但是,要想发展壮大,每个公司都必须把自己的产品卖出去。那么,该怎样打破这种困境呢?

我们建议采取两种方法。如果你的工作内容涉及市场营销的话,你自己就可以采取这些方法,如果不涉及,你也可以询问公司的营销团队或者雇来做营销工作的机构,问他们有没有运用这些方法。不管怎样,你都会为公司最重要的事业做出贡献。

下面就让我们细细讲来。

第一个方法，我们称之为"无条件试验"。

一套成功的营销方案已经不仅仅是有创意就够了。更重要的是在定价方面对这个创意进行测试。

我们认识一家公司的营销经理，这家公司为人力资源行业提供线上培训产品。姑且先称这个经理为约翰吧，他在一家数字科技公司工作，工作内容就是针对不同的细分市场，利用不同的网页布局和图像，将各种公司产品的销售标语和销售主题放在不同的网站上运行，以此来对它们进行常规性的测试。偶尔约翰也会对某一个创意感到特别兴奋，比如不久之前，他十分喜欢公司想出来的一条广告，广告词是这样的："将人力资源转变为你的竞争优势！"与此同时，也有另外一条让他觉得毫无兴趣的广告：一个相貌平平的年轻人竖着大拇指，广告标语也索然无味——"让人力资源培训变得简单"。

接下来的几个星期里，这家公司在不同的时段里，以不同的规模、在不同的网站上投放了这两条广告，他们尝试了各种你能想到的时间、规模和网站的组合。与此同时，他们还测试了该公司两年前就使用过的一条广告，该广告的内容是，如果在年内购买产品，可以享受一定的折扣。

结果很明显。不论是通过什么渠道在何种时间段投放，竖起大拇指的那条广告都是当之无愧的赢家，这条广告吸引的点击量和销售量都是最多的。排名第二的是那条提供折扣的广告。（顺便说一句，约翰觉得这条广告极度"丑陋"，看起来很"低劣"。）至于那条"竞争优势"的广告呢？你猜对了，被死死地压在了最后。

关于这个结果约翰只是稍稍恼火了一下，他十分了解现实状况。现如今，要拿出最好的创意，最重要的是放下自己的自负，学着去热爱数据，或者至少要学着去依赖数据。在以前，人们会成立焦点小组，小组成员会提供有用的信息。在今天，他们有时候仍然会这么做，但是数据测试已经使其显得十分陈旧了。

这是不是意味着营销已经不再需要"创意天才"了呢？当然不是了。首先得有人想出创意，然后才能将此创意付诸测试啊。实际上，要想出绝妙的宣传广告，这个过程需要一定的魔力。好的宣传仍然能够并将一直探入消费者的心底，拨动他们真挚感情之弦。但说到底，只有达到好的效果，一个宣传广告才能被称之为好，而这也是测试能够告诉你的。

所以，督促你的公司去做无条件试验吧。接下来就等着看测试结果吧。

第二个推荐的方法和第一个相关,就是惊喜性试验。

具体是这样的。正如我们所知,今天的消费者都是背紧紧靠着墙,手牢牢地捂住耳朵。确实,你可以用电钻推倒墙壁,用高音大喇叭对他们喊,来对他们做广告。有时候这样做是有用的,不然每天深夜,电视上也不会有那么多床垫和汽车的广告对你高声叫喊了。

但是我们还有另外一个途径,那就是以人们意想不到的方式进行宣传,如果做得好的话,他们甚至会喜欢你的宣传方式。

这种方法需要创新。有趣的是,人们有时候会觉得创新只属于研发领域,在此领域中,高科技天才们会发明更加先进的设备、软件和各种功能。但市场营销也是一个创新的领域。而且创新在此领域的重要度丝毫不逊于研发领域。你所说的话、说的方式和地点,无处不有创新的存在。

这就是市场推广中广阔开放的领域,你必须在其中找到立足之地。

举个源于体验式营销的例子来说明吧。体验式营销指的是通过创造消费者"体验"来提高曝光率、共享性和品牌价值,最终提高销量的一种方法。

当然，体验式营销已经不是什么新鲜事物了，自1998年开始关于此种营销的文章和著作就已经开始出现。但近几年，体验式营销已经变成市场营销中名副其实的创新之源。功能饮料公司红牛在这方面就是一个当之无愧的高手，它通过极具想象力且令人振奋的方式将自身品牌与各种极限运动赛事联系在一起。比如在2012年，该公司就将自己的营销手段提升到了一个全新的高度。它赞助了"斯特拉托斯超越人类极限任务"，全世界都聚集在电视荧幕前观看菲利克斯·保加拿从距地128 000英尺高的太空舱上纵身跃下，下落速度超过声速。

这就是一个体验。很显然，这对菲利克斯来说是一个体验，但对每一个目睹这一过程的观众来说，这同样也是他们的体验。整个推特像炸开了锅一样，满溢兴奋之情。这一切都是新奇而前所未有的。

在我们看来，这一切都是带有惊喜性的。

现在，我们都知道红牛赞助了斯塔拉托斯任务，那么有一天可能有人就会想："15分钟之后有个会议，我觉得我得喝一瓶红牛！"红牛公司的互动虽然本质上仍然是一种纯粹的营销手段，但它触动了我们内心的情感，削弱了我们对这种营销手段的抗拒之情。事实上，我们都被它吸引了。

现如今，宣传就必须做到这个样子。

内曼·马库斯百货就为慈善项目的时尚表演提供经济资助，这就是创新之举。

为了宣传第二季的《金装律师》，美国有线电视网就曾让男模们身穿统一的套装，骑上配套的自行车，在纽约、洛杉矶、芝加哥和旧金山街头骑行，这也是创新之举。

类似之举还包括A&E有线电视台为了宣传其新剧《贝兹旅馆》，在奥斯汀市的一条街道上安置了一台装有霓虹灯的自动售卖机，免费分发"诺玛·贝兹（剧中人物）亲手烘焙"的布朗尼蛋糕。

新奇，美味，令人印象深刻——十足的创新之举。

前面列举的营销手段都是在努力实现一个最终目标，即为客户带来惊喜。

结果容易评估吗？不容易。这种方法总是能成功吗？当然不会。但是那些老套的方法也不会。除非，像深夜电视广告那样对床垫和汽车做宣传。

要想有效宣传，就要勇于试验，考虑一下消费者的愉悦之情。问问自己："我们已经尽力让我们的宣传方案给消费者带来惊喜了吗？"

因为在宣传推广中，新奇的就是最流行的。

营销团队不应对外隔绝

每一个商业从业人员都知道，在不同部门工作的人应该互相交流。对外隔绝是最令人讨厌的，我们不喜欢这样，而对于那些希望自己公司繁荣发展的人来说就更是如此。

我们通过以上的观点来引出最后一个P，那就是市场营销中的团队人员。

虽然我们往往很容易从自己的视角审视营销，但市场营销不能仅靠自己、对外隔绝。这是由人类天性决定的，人们天生喜欢与理解自己思维方式以及优先事项相同的人打交道。

但是对外隔绝在商业上就意味着绝路，在市场营销上也是如此。这一点一直都是真理，而在现如今，由于科技在数字营销中的作用越来越大，做事的速度也越来越重要，这一点就更加突显。

单枪匹马会扼杀速度，扼杀想法，扼杀影响力。

举一个朋友的例子吧，萨莉在一家医用软件公司工作，公司很大程度上依赖于消费者营销。萨莉和她的团队有着源源不断的创意，但是它们却很少开花结果。这是为什么呢？这么跟你们说吧，任何一个营销方案在实施之前都必须经过为期一周的法律审查，之后还要通过财务一星期的层层把关。这两个过程完成之后呢？还有一个星期的IT风险管理评估。这些都完成了之后，还要等一个星期，等网络团队确定他们的周部署进度。这样一来，从创意成形到付诸实施，这中间就有整整4周的滞后期，在这种情况下，即使是最有行动力的经理人也不可能在很短的时间内就施行新的项目，更不用说对社交网站上兴起的新事物做出及时反馈。

但是奥利奥公司在2013年的举动却是个鲜明的反例。

尽管身为一家国际性的大企业，奥利奥公司却十分重视联合企业内各部门，以营造强大的跨部门灵活性。因此，该公司能够随时做好准备，对毫无征兆的偶发性文化事件加以利用。这样的事件在2013年超级碗赛事期间就发生了一起，当时比赛正进行到四分之三场，体育场的灯光却突然全部熄灭。

凑巧——其实也算是有意为之——奥利奥将公司的首席营销官、品牌经理、法律总顾问以及公司其他的重要人员全都聚集在了一起观看比赛。灯光熄灭不过几分钟之后，这群人就在推特上发起了一项活动,名为"黑暗中也可以灌篮/泡一泡"。[①]

结果怎样呢?就是这条一分钱也不用花的推特,引来大量的媒体报道,总数多达 5.25 亿页,这比实际上观看了比赛的观众人数还要多上几倍。此举在 100 多个国家都成了新闻头条,获得了 14 个广告类奖项,《连线》杂志甚至称奥利奥才是那年的超级碗大赢家。

奥利奥的案例说明了 5P 结构里的"营销团队"部分并不仅仅是公司内部从事营销工作的人。当然,营销一直与财务和研发并驾齐驱。但更重要的是,营销必须融入或是帮衬公司的每个职能。就算你既不是首席执行官也不是高级经理人,你依然可以做到这一点。你所需要的只是鼓起勇气,并提高自己的能力,告别单枪匹马的状态,多与他人沟通,多问问题,去邀请公司其他的部门来帮你履行好职责。

因为在当今世界,市场营销与每个人都相关。

[①] 原文为 You Can Still Dunk in the Dark,在此 dunk 为双关,在英语中既有灌篮的意思,又有将食物在吃之前放在牛奶等饮品里浸一下的意思,和奥利奥饼干广告中宣传的吃法一致。——译者注

B2B营销

近年来，B2B营销（企业对企业营销）所经历的改变丝毫不少于B2C营销（企业对消费者营销），两者改变的原因也并无多大差别，比如更多科技产品的出现、更精明的全球买家和卖家、日趋激烈的竞争、越来越高的透明度等，诸如此类。

再重复一次，我们的目标并非让你成为一个营销专家，而是帮你打开B2B的大门，并为你提供一些指导性的原则。那么现如今应该怎样进行有效的B2B营销呢？我们为你提供三条原则。

第一条是：公司应该尽自己所能将B2B关系保持在非常私人的层面上。想当初，B2B营销简单得就像"面对面"营销，光看名字你就能知道是怎么一回事，想象一下，棒球比赛、烧烤聚餐或酒吧往往都是适合营销的场合。诚然，当时的公司与他们的客户也会在价格成本和交付时间上讨价还价，因为在下单购买2 000万美元的汽车零部件或是500万美元的清洁用品时，你不可能不过问自己的每一分钱都花在哪里了。在过去，B2B关系一般都具有社团性质且具有长期性。

之后，情况就开始出现了一系列变化，比如出现了国际竞争,再比如征求建议书(RFPs)在投标过程中得到了越来越多的运用。但是,至少在制造业方面,对B2B营销冲击最大的还是近20年前才开始成气候的网上拍卖。自那时起,要是某个企业需要5 000个零部件,就能引起全世界的供货商为此大打出手。"你只需坐在那里看价格一路下跌就行了。"吉姆·伯格斯回忆道。伯格斯是一名工业产品营销主管,从业已经有四十余载,而我们认识他也有20年了。"好像一夜之间,企业不用亲自跑去中国或印度就可以从这两个国家买到东西。这引起了卖家之间的疯狂竞争。"

然而等到了一定的时候,大多数公司则开始发现网上拍卖也有其限制性。对于一些产品而言(比如简单的商品),网上拍卖有很多好处,价格也适合。但是对其他很多种产品来说,网上拍卖就不那么好了。比如,你要怎样才能把一项复杂的、多阶段性的、高度定制、价格上百万美元的项目放到网上拍卖呢?你当然不会这么做。

这就使得今天大部分的B2B营销还是要回到其最初的方式上,营销人员还是需要与客户建立深层次、合作性的长期关系。这种关系的建立便使得网上拍卖,甚至是征求建议书都变得毫无必要。

正如其他所有的关系一样，这种营销关系也必须建立在信任的基础上。双方都必须感觉到这种关系是互利共赢的。"你需要为买家提供一些东西，不管是有保证的质量、充足的服务还是设计的输入，让他们觉得在网上拍卖省下来的那点钱跟这些一比根本不值一提。"吉姆·伯格斯这样说道，"你必须成为对方的合作伙伴。你必须真正了解对方，而对方也必须真正了解你。"

换句话说，现如今B2B营销想要繁荣发展的话，合作双方必须看法一致、想法趋同。营销关系必须是私人化且理智的。

同时它还必须带有冷静的战略性。原因很简单：有的时候在供求关系中，供货商所得的利润并不高，因此这些关系并不具有财务意义。也许有的时候会有些短期利益，但并非长期受益；有的时候会长期受益，但在短期却无甚收获。

这就引出了我们的第二条原则：现如今在B2B营销中所做的每一件事，均要依据对工业生产能力的仔细分析。原因如下：当今很多公司的业务都基本固定下来，只有很少的几个固定供应商和客户。B2B营销也变得越来越像一盘国际象棋，在做每个举动之前都要考虑此举会带来的竞争性连锁反应。

举个例子吧。吉姆·伯格斯曾给我们讲过一个事例：几年前一个零售业巨头想要为自己旗下的所有门店更换制冷系统。

这么大的订单量当时只有三家大型工程公司能承接，其中就包括吉姆工作的那家。"当时，销售部门马上就变得十分积极起来。"他回忆道，"事情往往就是这样。不管出现什么结果，销售人员都想把东西卖出去。"

但销售人员必须考虑由此引起的结果，这是很重要的。如果吉姆所在的公司拿到了零售业巨头的订单，它的主要竞争对手则会被置于死地。当然，竞争对手并不会立刻倒闭，但是它一半的业务量会被"偷走"，工厂生产能力也会被冻结，结果可能不堪设想。

"大多数时候，对于那些业务较固定的公司来说，它们并不希望有着巨大产能的竞争对手空闲下来。"吉姆说，"因为这样的话，在下一次投标竞争上它一定会报复回来，而这单生意可能利润率很大，是你真心想拿下的。"

重点是，在B2B营销中，你需要明智地选择自己的合作伙伴。业务固定的公司会更加重视公司发展和利润之间的权衡。当公司已经建立起了少数但长期的稳定关系之后，通常情况下，选择追求利润会更加明智。但要做出这种评估，你必须要有战略性的想法。在B2B营销的世界里，你不可能每次与客户打交道都要占上风。你也不应该有这种期望。

我们的最后一条B2B营销原则主要针对那些业务并不固定的企业，那就是：对亚马逊保持敬畏。

敬畏它，学习它，并学为己用，全力与它竞争。

直到现在，仍然有很多公司使用产品目录来作为销售宣传的主要途径。目录里包含了成百上千种价格不高的小部件、小装置和其他各种小东西。如果你处在建筑行业的话，你就会明白我们的意思了。光钉子差不多就有6 000种，电灯插座也是这样。产品目录简直长得无止境。

你可能会认为时至今日B2B目录已经被兴起的互联网赶尽杀绝，但是事实上，在与目录联系紧密的行业里，目录销售仍然占了总销量的60%。这是因为依然有很大一部分的买家更喜欢拿起电话，打进服务中心，和一个真正的、有血有肉且懂业务的人讨论自己想要购买的产品。而亚马逊则从不会放过任何一个机会，近年来它也逐渐开始利用自己得心应手的常用策略，包括极具优势的价格、运输和供应链来进军这个领域。

如果你想在行业里立稳脚跟、大显身手，你唯一的招式便只能是具有压倒性优势的服务。幸运的是，你的员工肯定已经感受到了亚马逊给他们的生活带来的影响，所以不言而喻，他们会理解为什么你会如此竭力要求他们表现更好。可以这么说，你们面对的竞争是切实存在的，对手是无比强大的。

当然，你可能会忍不住和亚马逊比拼价格，但很显然，此举并不能保证持续性的发展，所以万万不可。对你来说，反击的唯一办法就是为客户提供亚马逊提供不了的服务，比如专业水准、咨询指导、真挚的热情和深刻的洞察力。

是的，一切又回到了合作关系上。

正如我们所说过的，B2B营销确实已经被新兴的、互联互通的网络世界所改变，只是改变之后，它却与自己以前的状态更加相似。

也许并不和之前的"面对面"一模一样，但是其高度的接触性却丝毫未变。

第七章
大数据时代的危机管理

在市场形势"正常"的时候,营销工作似乎不那么难做。现在,我们看一看在形势"不好"的时候,应该如何做好营销工作。这时的营销其实就无异于危机管理了。如果你运气好,就永远不需要我们在这里提出的建议,不过考虑到我们当前赖以生存的世界存在着如同罗马竞技场一般的激烈竞争,运气如此之好的可能性微乎其微。正如近期《纽约时报》一篇文章所指出的那样:"几乎每一天,互联网都让我们如履薄冰。"

这警告并不仅仅适用于大公司或公司最高领导者。公关危机可能会冲击到各种公司,无论新老,无论是否以营利为目标,

第七章
大数据时代的危机管理

概莫能外。一旦一个公司爆发公关危机，其内部的各级工作人员都难以幸免。比如，你在公司里可能已经工作了两年，忽然你团队里的某个成员被发现曾经伪造过一份重要的研究报告，导致你被卷入了一场公关危机，而你可能根本没有亲自招聘过这个人，甚至根本不知道这个人的存在。再比如，你可能在芝加哥经营一家公司，而你在亚特兰大的供应商却被揭发出了一个骗局，且见诸报端，那么你难免会受到影响。危机的冲击对象不仅仅局限于公司高层。

曾几何时，你或许可以利用自己的地位作为掩护，安然脱身，但这种做法再也行不通了。今天，每个人都需要带好自己的"剑"与"盾"，准备进入竞技场。

现在，我们从事的工作就是演讲、写作和咨询，因此，我们之前有很多机会就危机管理发表看法。事实上，在我们上一本书，也就是2005年出版的《赢》那本书里面，我们用了一整章的篇幅去讲危机管理问题。其实，我们认为，虽然已经过去了10年之久，但我们在那本书里提出的建议仍然非常有应用价值，只不过我们在这里要多提个醒。

现在，由于社交媒体的出现，在危机过程中，无论对于公司而言，还是对于个人而言，形势变化的速度都大大加快了。

形势变化越快，问题越糟。虽然社交媒体有各种各样的好处，我们自己也是社交媒体热情的用户和消费者，但它们却把世界变成了一个"回音室"，充斥着刺耳的声音和无情的嘲讽，一旦你的公司出了个坏消息，瞬间就可能传遍世界的每一个角落，这就像你刚喊了一声，还没来得及问对方"你听到了吗"，你的声音已经被社交媒体传到了对方耳朵里。难怪莫妮卡·莱温斯基在谈到她那桩丑闻时说，不幸中的万幸是当时还没有推特。

当然，推特和其他社交媒体并没有完全颠覆原来的危机管理原则，不过你需要一些额外的指导方针，我们很快就会进行探讨。

在我们开始探讨之前，先迅速回顾一下我们之前在《赢》那本书里提出的危机管理原则。为了体现对这些原则的更新，我们在每一条原则后面加上了这样一句话："只不过现在变得更快、更糟了。"

第一，无论你多么努力地控制危机，它最后总是比你想象得更大、更深刻。哦，当然了，在危机期间，你可能也会有几天好日子，也就是充满希望的日子，你认为也许事情已经过去了，该风平浪静了，但事实是，坏消息的传播如同水中的涟漪，不断地扩大，直到最后一个细节都被揭露出来才会消停。一言

第七章
大数据时代的危机管理

以蔽之，危机是不可能被遏制住的。（只不过现在变得更快、更糟了。）

第二，这个世界上不存在秘密之类的东西。如果你遭遇了危机，你的律师可能会建议你与有关知情人士谈一谈，或者给他们一笔封口费，让他们保持沉默。你的公关专家可能也会提出这种建议。但承诺、合同和封口费并不是完美的解决方案。如果不止一个人知道你的秘密，你不妨直接发一篇新闻稿，因为坏消息一旦被别人揭发出来，最终一切细节都会出来的。（只不过现在变得更快、更糟了。）

第三，媒体可能会极力丑化你处理危机的方式。不要怕，勇敢面对，把你的真实想法告诉记者。在交谈中，记者们可能会做出同情的表象，毕竟，这是他们的工作，他们要让你觉得他们是你的朋友。但如果你的公司是危机源头，他们很可能不会做出对你有利的报道。（只不过现在变得更快、更糟了。）

第四，在处理危机的过程中，要对公司内部的人事安排和工作流程进行变革。我们所说的变革，意思是必须有人对危机负责，并付出"血的代价"。对不起，我们用了这样一个隐喻，但真实情况就是这样。危机催生变革，这种变革是良好的、健康的。公司将实行新的管理措施，修补破碎的公司文化，但在此过程中，世界往往需要一个人或更多人为错误付出丢掉工作的代价，如果不这样做，公众的喧嚣不会消停。（只不过现在变得更快、更糟了。）

第五，也是最后一条，如果应对得当，你的公司会在危机中生存下来，之后将变得更好、更强大。有关的例子太多了，不胜枚举，没必要专门添加一个附录。时至今日，这一条依然适用，因为事实是，大多数公司的确都在危机中生存了下来（即使危机非常严重），而且大多数公司因为这段经历而变得越来越好。

以安德玛（Under Armour）公司为例，该公司是美国第二大运动装备品牌。它为美国速滑队设计了新比赛服，但在2014年冬季奥运会期间，美国速滑队却铩羽而归，许多媒体指出其中一个原因就是不适应该公司设计的比赛服，以至于社交媒体在长达三周的时间里充斥着对它的指责。公司股票受到重创。其首席执行官凯文·普兰克主动在媒体上发出自己的声音以反击媒体的攻击。在公司内部，员工们当时肯定觉得这次混乱会产生致命影响。但这场战斗反而为该公司赋予了新的魔力，该公司还进一步加强了与美国速滑队的合作关系，签订赞助合同，在下一届冬奥会上继续为其提供赞助。之后不久，该公司又打出了一个备受好评的广告，推出了一系列新产品。这算什么危机呢？

话虽这样说，但有时候社交媒体造成的打击是极具毁灭性的，公司或个人可能会长期一蹶不振。事实上，这类在危机中遭到重创（有时甚至是永久创伤）的公司与个人不胜枚举，每年都在增加。很难说现在的企业或个人的错误比以前更严重。企业和个人一直都会犯这样那样的错误，唯一不同于以往的是社交媒体的乘数效应，这种效应使得企业和个人的每一个错误（有时甚至是主观臆测的错误）传播得更快，看起来更丑陋，似乎比以往更加令人震惊。

在这种新的传播环境下，遭遇一次创伤足以让你产生躲在洞穴里聊度余生的想法。

预防危机的原则

你当然无法藏住秘密，甚至都不要做出这方面的尝试，因为这种做法不会奏效的。其实，在商业领域，大多数试图隐藏秘密的做法都适得其反，压根儿不存在包得住火的纸。

那么，应该怎么做呢？最明显的答案是预防危机。公司领导者之所以要努力构建健康的公司文化和价值观，促进员工的正直和坦率品质，一个很重要的目标是预防危机。再说一遍，我们在这里所说的领导者并不仅仅指那些顶级的领导者，而是指基层团队及以上级别的领导者。

然而，生活总会给你带来一些意外。可能某一天，电子邮件突然如潮水般向你涌来，好像电脑就要爆掉了一样。或者你的手机开始不停地响，或者突然有人走进你的办公室，说她需要和你谈谈。这时，肯定是你哪个地方出了问题，而且是重要的地方。于是，你的后院或前院可能很快就会陷入一片混乱，你的办公桌可能很快就会凌乱不堪。

为了避免最后出现这种局面，我们现在探讨公司与外界打交道时应该遵守的几个原则。在经营状况良好的时候，将这些原则应用到实处，似乎有点像给自己买飓风保险一样。这些"药方"不会完全阻止暴风雨的形成，不过有助于你在暴风雨来临之后收拾乱局。

第一个原则是，在卷入危机之前就积累商誉，以备不时之需。 每一个公司都有很多理由成为所在社区的一位好"公民"，成为一个公平、透明的雇主。要将危机管理添加到你的日程里。在繁荣时期，要通过真心交往赢得朋友和支持者，一旦你将来遭遇危机，这些人才有可能替你仗义执言。

出于同样的原因，一些危机是由个人因素造成的，比如，你搞砸了某个事情：你错过了一个重要的截止日期；失去了一个重要客户；批准了一场规模浩大的广告宣传活动，结果却以失败告终。换句话说，危机就是因你而起，或者至少可以说，你处在危机的中心。

同样，在这种情况下，平时在"关系银行"里储蓄的商誉越多就越好。当你看到自己变成了推特上的一个流行话题，引起广泛争议时，不要去悲观地想"谁能证明我不是有史以来最倒霉的人"，这个时候不适合这么想。从开始第一份工作的那天起，在接第一个电话或参加第一个会议之前，就要停下来，提醒自己这样一个众所周知的事实，即种什么因，得什么果，或者想一想美国作家马娅·安杰卢（Maya Angelou）说的一句永恒的真理："人们会忘记你所说，忘记你所做，但会铭记你给他们的感觉。"你要通过自己的语言和行为，使别人觉得你是一个很好的、正直的人。只有这样，当你深陷危机时，那些了解你的人才可能愿意为你辩护。虽然这不足以完全平息外界对你的攻击，但在一场危机中，这或许是你能得到的全部支持。

第二个原则是，利用"多渠道"向公众发出响亮的声音，

即便没有紧急的事情要讲，也要这么做。 在一个叽叽喳喳、喋喋不休的世界里，你必须融入对话。尤其是，如果你的品牌是一个消费品品牌，那么在遭遇危机时，你不要一心想着去见自己的追随者，也不要费尽心思地猜想自己的声音听起来怎么样，而是要以最快的速度利用社交平台发出自己的声音。请注意，我们在这里用的是"多渠道"这个词，意思就是，在没有遭遇危机时，你就要注重通过各个平台与公众沟通。否则，一旦危机袭来，你的"反对派"肯定会忙不迭地去搜罗你遗忘的社交平台，然后利用这些平台给你泼脏水。

如果危机是由个人因素引起的，也要充分发挥社交平台的作用。今天，每个人都至少需要一个"直通世界"的交流平台来发出自己的声音。你可以选择推特、脸谱网与 Instagram 这几个社交平台。不要觉得自己对公司"无关紧要"，或者在公司里"级别太低"而不需要社交平台。

在一场危机中，社交媒体虽然具有残酷的一面，但其最好的地方就是使你能够直接向公众传递信息。以前，你必须委托记者用你想要的语调和措辞去帮你传递信息，这种日子一去不复返了。如今，如果你要与公众沟通，不需要借助这类"中间人"了，你可以直接发出自己的声音。如果你态度足够真诚，

第七章
大数据时代的危机管理

反应足够迅速，并且能够将各个社交平台作为自己的话筒，那么你的危机管理工作就会做得非常好。

举个例子。2013年，塔可钟公司（Taco Bell）一名员工舔一摞玉米卷饼的恶作剧照片在网络上疯传了起来。该公司是世界上规模最大的墨西哥式食品供应商，在这张照片传出的当天，消费者对其品牌的认可度就出现了暴跌。该公司立即采取了应对举措，解雇了这名员工，在社交媒体上澄清了问题，向消费者保证这只是一个恶作剧，照片中的食品不会出售给消费者。这些公关措施起到了作用。市场调查公司奥观（YouGov）给出的品牌口碑指数表明，仅仅用了三天时间，该品牌的消费者认可度就恢复到了危机前的水平。

问题是：塔可钟公司愿意与公众即时沟通，你能做到吗？

第三条原则是，要善待离职员工，不要让自己的愚蠢之举引发危机。事实上，很多危机都是由经理们的一些愚蠢行为导致的，是他们自己制造了大量的爆料者，招致了咄咄逼人的批评。他们是如何导致这一局面的呢？他们没有善待离职员工，员工离职时，这些经理们的做法太苛刻，伤害了这些员工的尊严，使他们觉得自己受到了羞辱。我们将在下一章细致深入地探讨经理们应该如何正确地对待离职员工。现在，你必须想尽一切办法，避免员工心怀不满和痛苦地离开公司。当员工离职时，如果你在财务问题上对他们很吝啬，或者在情绪上太苛刻，那么他们离职后的一些做法可能会让你切身体会到你的做法是得不偿失的。

第四条原则是，一切终将过去。在危机发生后，要记住这条确定无疑的法则。是的，身处危机之间，别人对你的攻击会导致你陷入极度恐惧的状态。你可能害怕失去你的工作、你的名声和你的朋友。噪声似乎大得让你无法忍受，你觉得这会一直持续下去，直到永远。你会觉得世界上每个人都关注你，想着你，分析你，你会觉得人们只要没睡着，每一分钟都在议论你，议论你在公众面前出丑的模样。

也许是这样，但我们认为这是不可能的。非议终将逐渐减弱。

听好了：非议终将减弱。

攻击你的网络暴民们迟早会消停的，但你不能控制他们消停的时机，你所能做的，只是控制自己，使自己相信事情还会好起来。

事情还会好起来的。

当然，你不能只在潜意识里告诉自己事情终将好起来而什么都不做。在危机面前,你或你的公司必须采取必要的补救措施。有时需要你和你的公司一起努力。如果有必要,就采取严厉的反击,及时赔偿他人的损失。哪些地方破碎了,就从哪些地方开始修复。如果人事或工作流程上出了问题,就及时变革。收拾残局,及时与外界沟通,最后必然会回到正轨。

但在做这些的同时,不要让社交媒体扰乱了你的心灵。危机是难免的。你可以提前做好准备,我们也强烈推荐你这么做。但即便如此,你也不可能与危机完全绝缘。因此,当危机袭来之际,就擦亮双眼,继续前行。

你的危机可能在你不知不觉的时候就从"新闻"变成了"旧闻"。

THE REAL-LIFE MBA　　第二部分　**团队篇**

第八章
领导力 2.0

关于领导力，你在学校和职业生涯中肯定听到过太多的理论和陈词滥调。在这一章里，我们要求你先放下这些。简单地讲，领导力的内涵或许可以概括为下面两个方面：

1. 真实和信任。
2. 不断地探求真实，不懈地建立信任。

在这一章里，我们将仔细看看究竟应该如何获取领导力，不是从两万英尺的高度去看，而是从 20 英尺的高度去看，因为虽然人们写了很多华而不实的东西,但领导力不是抽象的事物,而是存在于点点滴滴的细节,或者就像我们所说的那样,领导力体现在知道哪些事情能做,哪些不能做。

在深入探讨之前,先简短地回顾一下我们在本书前几个章节所讲的与领导力有关的内容。在第一章里,我们提出,公司领导者必须确定一个鼓舞人心的使命,并且向公司所有人讲清楚应该采取哪些行动才能实现使命。我们用"协同力"这个词将使命与行动联系了起来,指出如果员工接受公司的使命,并用自己的切实行动推动使命的成功落实,那么领导者要给予奖励,这样往往有助于提高公司的协同力。(我们用"结果"这个中规中矩的词语来描述员工在践行使命方面的最终贡献。)

同样在第一章里,我们列出了五个基本事项。之所以说这是基本事项,是因为它们是协调力的源泉,如果你愿意将协调力比作农作物,也可以说这五个事项是农作物蓬勃生长所需的"春雨"和"肥料"。这五个事项如下:

第一,领导者要体谅下属。领导者要满怀热情地关心下属,明白如何才能调动他们的积极性。

第二,领导者要将自己视为"首席解释官"。领导者要通过

第八章
领导力 2.0

自己的言语和行动为团队解释公司的使命和所需的行动,让团队成员明白自己所处的环境,明白工作的意义何在。

第三,领导者要为下属的前进道路扫除障碍。领导者要为下属清除官僚主义作风和其他愚蠢的桎梏。

第四,领导者要愉快地展示"慷慨基因"。下属取得了良好业绩之后,领导者要慷慨地、公开地庆祝,可以发奖金、给予晋升或提出表扬。

第五,领导者要确保让下属快乐工作。领导者要创造一个轻松愉快的环境,要为员工的进步举行庆祝仪式。

这五个事项与基于"真实和信任"的领导力具有一致性。我们认为你能看明白这一点。顺便说一下,我们认为领导者应该具备的关键素质可以用"4E+P"来概括,即最高效的领导者应该展现出活力(energy)、鼓动力(energize)、执行力(executive)和决断力(edge),所有这些都离不开激情(passion)。

在《赢》这本书中,我们做了所有作者都会做的事,即构建了一套理论框架,提出了领导者的八个规则。如今已过了十余年,回顾这些规则,我们很高兴地看到它们经得住时间的检验。领导者仍然必须坚持不懈地提升自己的团队，确保员工认可和践行公司的愿景，向员工传递信心和乐观。领导者仍然必须以坦诚的精神和透明的态度去赢得员工的信任，有勇气做出艰难的抉择，并确保自己的指令能够得到切实执行。毫无疑问，他们还必须勇于承担冒险，并懂得拿出一些时间去庆祝员工或大或小的胜利。

但探求真实和打造信任是领导者应该坚持的两个底线。在这两个因素的共同作用下，一个人将具有更强大的领导力。这种领导力具有全局性的意义，是一种组织原则，这两点应该贯穿于领导者每天的活动，包括召开员工大会、战略审议会议、预算审议、业绩评估以及其他活动。

探求真实和打造信任是一种思维，也是一种领导方法。

现在，你可以而且应该做到这两点。

探求真实，否则一无是处

探求真实是一件好事，对吗？谁会不同意呢？

可能几乎没有人不同意，即便前不久一个名叫劳伦的朋友提到的那位上司也不会不同意。当时，劳伦给我们打来电话，征求化解职业危机的建议。

劳伦34岁，是一个财务分析师，自大学毕业以后一直供职于同一家小型的投资公司。她的主要角色是做研究，偶尔也会涉及客户服务。前不久，劳伦那个公司的首席执行官宣布他打算把公司出售给一些高管，然后自己就退休了。劳伦听到有人说在过渡时期，她可能会被晋升为公司的合伙人。

但后来这种传言突然停止了。有个同事对她说问题可能出在她上司那里。她震惊到了考虑辞职的地步。她告诉我们说："如果我走了，他们会损失很多业务，因为客户很喜欢我。"

我们问劳伦她的上司是否也这么看待她对于公司的价值。她停顿了一下，然后脱口而出："他之所以不希望我成为合伙人，是因为我是一个女人。我生完孩子后，找了份兼职工作，他就很生气。"

真是这样吗？有这种可能，但事情不至于发展成这个样子。劳伦只是在猜测。当我们一步步追问的时候，她承认自己也不清楚上司究竟如何看待她在生孩子之前以及之后的业绩，因为他从来没有告诉过她。

这真是可惜，一方面因为定期的绩效评估是每个管理者必须承担的责任，这位上司应该将自己的真实看法告诉劳伦；另一方面是因为，如果我们在领导层会议上见到劳伦的上司，他肯定会认同在工作中讲出真相是一件很好的事情。

再看看我们熟悉的一家制造公司。在长达数十年的时间里，该公司一直隶属于一个庞大的企业集团，但说得好听一点，这个集团充其量是"缺席的家长"（absentee parent）。后来，该公司被剥离给私募公司之后，突然成为了关注的焦点。私募公司要了解该公司的每一个经营细节。他们说，给我们一份关于你们员工的能力评估报告，详细描述一下你们在市场竞争格局中的地位。你们应该如何改变现有处境？如何才能改写游戏规则？

哦，如果这种事情发生在学校，那么这家制造公司的高管幸运的话，可能会得到一个"未完成"的成绩。[①] 为什么这么说呢？因为在很多年前，由于当时的母公司不重视探求真实情况，该公司的高管们也就不想深入了解了。如同商业领域的很多人一样，他们也逐渐习惯了简单的做事方式，不注重与员工进行深入沟通，不注重探求公司的真实情况。

[①] 在美国教育体系中，当一个学生因病假或事假而缺考或没有交作业时，在学期结束时的成绩就是"未完成"，学生必须在下一个学期之内补考或补上作业，然后老师会把成绩补上。——译者注

我们所谓的探求真实，就是要坦诚地告诉人们他们所处的境地，并详细地告诉他们如何才能改善现状。

我们所谓的探求真实，就是直面公司的经营现状以及未来的挑战。

我们所谓的探求真实，就是认真思考公司战略、预算和其他流程背后的一些假定条件是否符合现实。每一次会议、每一次见面都是探求真实的机遇。每一次会议、每一次见面结束之际，都要反思："我们的对话谈到了真实情况吗？"

以战略为例。好几年前，我们听说英国乐购集团前首席执行官特里·莱希说战略制定过程就是"一个不断探求真实的过程"。这句话说得多么好啊！事实上，我们在第二章里探讨的用于制定战略的"五张幻灯片法"就基于探求真实。公司真正的能力有哪些？行业竞争格局究竟是什么样子的？

如果你想让你的战略发挥一定的作用，就必须"严谨"地回答这些问题。我们希望"严谨"这个词能让你产生脊背发凉的感觉。其实产生这种感觉也是应该的。所谓"严谨"，并不意味着当一个你碰巧喜欢的经理在幻灯片的帮助下滔滔不绝地讲述公司的业绩增长情况、竞争反应和行业新进入者时，自己只是坐着点头表示赞同。相反，"严谨"意味着你必须提出一些问题，比如你从哪里得到的这些数字？你做出的基本假设是什么？什么技术能扰乱你说的这一切？谁具有这种技术？

严谨地探求真实并不意味着盲目相信某个人事专员信誓旦旦地承诺新一轮招聘活动的效果将在6个月后显现出来，而是意味着你要懂得发问，比如"我们的宣传活动做得正确吗？什么样的公司在帮我们招聘？他们与我们的做法存在哪些区别？我们充分利用领英去发掘潜在人选了吗？我们是否拿出了足够多的奖金去鼓励人事专员寻找业内优秀人才？我们的薪酬体系竞争力如何？"

探求真实就是这样，永远不满足于假定和承诺，如饥似渴地探索真相，排除一切倾向性意见，由此及彼，由表及里，无论最终收获的是荣耀还是伤痛，无论你是否喜欢，真相都会展现在你面前。

现在，我们看一看预算制定过程。在绝大多数公司的预算制定过程中，都没有实事求是地探求真实，倾向性的意见俯拾即是，每个部门来参与讨论的时候都打着自己的小算盘。高管们希望降低成本，提高收入，因此会仔细地审核和分析各部门提交的预算，以便尽力压缩。在他们看来，各个业务部门在制定预算时，为了最后免于承担超支的责任，肯定都会编造借口，把本部门预算做得高一些，这样做的目标就是先降低高管们对本部门的预期，以便最后能够取得超出预期的成功，从而得到更多的奖金。当然他们也会尽最大努力取得成功。

经过一番讨价还价之后，最后的预算数字肯定是折中之后的中间值，不是吗？与会者很少会就市场上究竟发生了什么开展真诚的对话。如果与会者不再讨价还价，而是认真探讨公司发展机遇，那将会取得什么样的成果呢？整个预算制定过程充斥着倾向性意见，高管们总是尽最大努力压缩预算。

然而，这种毁灭性的预算制定方式却非常根深蒂固，甚至一些私募公司也不例外，这的确令人非常惊讶，因为在普通的公司里面，高管可以削减预算数字，从而博得董事会的好感，推动自己的职业生涯发展。但在私募公司里面，如同合伙人一样，高管也是公司的股东，因此，他们没必要绞尽脑汁地去虚报或压缩预算。根据我们的经验，在普通公司里，如果业务部门要放弃那种以自保为前提的、虚报预算数字的思维，并且与高管们一起探讨如何共同努力，促进公司实现更快的增长，通常需要一年到一年半的时间。

哎，当他们真这么做时，就会出现多种确定性和不确定性因素。人们开始各抒己见，比如有人可能会说："如果我们投资于那个新的研发项目，下半年利润又减少了，那该怎么办啊？"可能还会有人提议："我们谈谈收购X公司和Y公司的问题。是的，它在短期内可能拖累我们，但长期来看或许是个巨大的成功。"根据公司实际情况进行深刻探讨，而不必想着如何去取悦于外面的证券分析师，就会为战略制定过程创造一个全新的环境。政策制定过程就像拔牙一样痛苦，现在，这种日子应该一去不复返了。战略制定过程中讨论的都是各种选择方案、利弊得失以及潜在机遇。高管们不再绞尽脑汁去压缩预算金额了，而是激动不已地探讨如何提出最多的备选方案。

令他们激动不已的是巨大的收益，因为在探求真实的基础上探讨如何制定战略有利于提高收益。在商业领域，求真务实的态度是一个具有竞争力的武器，能够提高公司的运作效率，提高公司的公平性、灵活性和创新性，让公司成为一个令员工向往的工作场所，员工也愿意为公司竭诚奉献。可能你认为自己在公司里的地位不高，没必要把探求真实作为自己的座右铭，因为坚持探求真实太危险了，太特立独行了。请打消这些想法。追求真相会带来巨大的好处，激发所有人取得更好的业绩，因此，无论处于哪个级别，无论是初次担任团队领导者，还是公司首席执行官，每一位领导者都应该探求真实。当然，你不这么做也不妨碍你去领导别人，但问题是，你为什么不探求真实呢？

"信任"产生的好处

我们希望已经说服你相信"追求真相"是领导力的本质要求，但有一个你必须面对的现实，即如果你与下属之间没有信任，那么你永远不会得到真相。人们可能并非总是想听到真相，但他们往往会信任那些热爱真相、追求真相和展示真相的人。因此，接下来我们探讨一下，如果在你的公司里建立互信，要做什么以及不要做什么。

首先要做的是"真正关心你的下属和他们的工作"。如果你觉得这条建议听起来耳熟，那是因为在第一章里提到领导者迫切需要做的5件事情中，很大一部分都体现了这一点。比如，领导者展示慷慨基因，并为下属的前进道路扫除障碍。这两个都是领导者要主动采取的措施，它们无疑会向员工发出这样的信息："我支持你。"

当你真正与下属站在一起，尤其是当他们低落的时候，也能传递出同样的信息。要知道，当下属为你带来一个重大的、具有突破性的创意,或者创造了优异的业绩之后,你很容易为他们欢呼;但当他们的方案失败时,他们需要你公开承认你曾经亲自批准过这个方案,并且你同样需要为这个失败承担责任。即便当某个下属由于远远没有完成业绩指标而不得不离职时,他也希望你在应对这次失败的同时向他表示同情,并为他保留尊严。换句话讲,在这里,领导者要建立互信,要做的就是"当员工点儿背的时候,你要成为他的后盾"。

有些不能做的事情,却是我们司空见惯的。比如,某个得到领导者和下属一致赞同的冒险方案失败了,领导者一边想着规避责任,明哲保身,一边训斥下属说一些诸如"我早就知道行不通"的话——这种做法太丑陋了。这是领导者懦弱的、自保的体现。这种做法会在一瞬间毁灭掉所有的信任,没错,只需一瞬间就能让所有信任荡然无存。事实上,就毁灭信任的速度而言,这种做法比任何因素都要快。

相似地,领导者不要抢走下属的功劳。你是否听说过,某个领导者汇总了下属的想法、倡议之后,将其视为己有,然后呈报给自己的上司?这种做法是多么愚蠢啊。现在,领导者往往需要先征集下属的建议,将好创意转达给自己的上司,如果你是一位领导者,一定不能抢下属的功劳。是谁的功劳,就应

第八章
领导力 2.0

该是谁的功劳。如果你这样做，你就会因为自己的正直而赢得良好声誉，而且更好的情况是，你的下属会很乐意把他们的想法讲给你听。

作为领导者，你还要做好一件事，即"倾听"。你可能经常听到他人提到"倾听"的重要性。倾听有助于领导者做出更好、更明智的决策。当然，我们是认同这一点的。但我们喜欢将倾听视为建立互信的一个方式，因为这种方式会让你展示对下属的尊重。不过，我们要提醒一点。虽然倾听在日常工作中非常重要，而且领导者在日常会议中倾听下属的观点是很常见的，但真正有助于建立互信的倾听是在困难时期的倾听，比如，在一场危机中的倾听，当坏消息接踵而至时的倾听，当你对某个事情一无所知而虚心请教下属时的倾听。在这些情形下，下属会如坐针毡，坐立难安。他们对讲真话存在一丝惧怕的情绪。因此，要坦诚地分享信息的确需要不小的勇气，有时候分享真实信息之前甚至会经历痛苦的挣扎。在危险的情况下，你作为一位领导者，可以利用自己手中的权力让自己与团队撇清关系，在开会的时候也可能为自己开脱责任，这是一种自然而然的选择，因为你觉得自己每朝前走一步，都有可能触发地雷。但正是在这些情况下，你必须创造让下属与你坦诚交流的机会。只有这样，你到最后才可能会听到真相，如我们前面所说的那样，有时候这种真相是你迫切希望得到的信息。不过有时候，你得到的可能是一些没有价值的信息。这时，你要体恤下属的感受。无论是哪种结局，坦诚地倾听，邀请下属与自己坦诚交流，都是你工作的一部分。

以公司收购为例。你忽然被任命为一个公司的领导者时，你不认识员工，员工也不认识你，但你的员工开始抓狂了，因为公司被收购之后，他们就前途未卜了。在很多人看来，一次收购就像经历了一次生死危机，他们的整个世界遭到了惨痛的颠覆。当他们坐立难安之际，你过来了，变成了他们的新领导。为了展示自己的权力，你可能会开始发号施令，可能单方面做决定，可能只跟比自己级别高的人交流，毕竟，你下的赌注很高。你可能会把自己担任上一个职务时的团队带过来，让他们替代现有的团队。

请不要这么做。无论身处危机，还是面临收购，抑或其他混乱局面，尽己所能地克制住这些冲动，抽出一些时间（虽然在困难时期很难做到这一点），让下属跟你分享一下他们的想法和观点，之后你要进行认真的思考。你可能不认同这一点，但给下属说话的机会就等于给他们尊严，有助于增强你和下属之间的信任关系，等到危机过后，这种信任关系就会产生长远的积极影响。

利用一切，建立互信

开会能够在很大程度上体现出领导者的领导力，不是吗？事实应该是这样。在开会的时候，我们聚在一起探讨工作问题，讨论以后的工作应该怎么做。在这种场合，我们分享关于市场竞争的信息，评估产品，探讨当前的技术发展动态，分析上周的数据等等。然而，在很多公司的会议上，与会者只是根据之前的要求给出一些充斥着倾向性意见的新信息，而这些新信息是人们在报纸上都能轻易读到的，不难预见这种会议往往枯燥乏味，只会浪费每个人的时间，起不到什么积极的作用。

但如果开会的方式正确，那么会议就会转变成建立互信的大好机遇。也就是说，你要鼓励下属公开辩论，如果下属发表一些大胆的、违反直觉的或挑战假定条件的言论，你要表扬他们的勇气。更进一步地讲，在开会时，经常有人压制他人发表反对意见，这时，你要对这类人提出责备。

我们看看约翰的例子。约翰是一家网络杂志的主编。不久前的一天，他与员工召开会议，探讨关于"社论式广告"①的问题。你知道，这些社论式广告看起来给人一种社论的感觉，但读了一会儿之后，你往往会发现实则非然。

长期以来，记者们都不喜欢让广告侵入他们高贵的新闻领地。约翰召开这次会议的主要目的就是缓解下属们对于商业广告在杂志中所占比重较大的不满。他承诺在该杂志的版面中，社论式广告所占篇幅永远不得超过10%，而且他在这次会议召开之前已经和公司的首席财务官谈过了这个方案。该方案一经宣布，他的下属就爆发出一阵欢呼，然后人们激动不已地痛陈商业广告的弊端。这的确是泄愤的好时机。但在会议就要结束的时候，一位名叫利兹的女员工引起了约翰的注意。约翰接下来的一系列做法体现了良好的领导力。他首先认识到利兹是唯一一个在整个会议期间保持沉默的员工，之后，他便邀请她发表意见。他说："利兹，我们还没有听到你的意见呢。你怎么看？"

起初，利兹似乎不敢苟同，却又不敢畅所欲言。约翰邀请

---

① 社论式广告是指杂志或报刊中的有偿式广告，以小号字体出现在杂志或报刊插页顶端的广告栏中，通常情况下，它们与报刊或杂志的内容都是掺杂在一起的。这类广告通常会注明这只是一篇广告，以免读者误以为那是一则新闻。——译者注

她进一步发表看法。稍微停顿之后,她放松了,说:"哦,其实我不同意你们的看法。我认为读者很聪明,知道广告和新闻内容之间的区别。我甚至可以大胆地说很多人认为广告是在线阅读体验的一部分。广告对读者也是有用的。"

会议室顿时炸开了锅,但在一片噪声中,约翰仍然示意利兹继续说下去。

利兹继续讲。她在加入这家杂志成为一名写手之前,曾经在另一个网站工作过一段时间。那天,在约翰默默的支持下,她为同事们上了一堂令人耳目一新的经济课,讲述了没有商业广告的负面作用。但事实上,她没有赢得支持者,一个直言不讳的同事还试图用叹息和眼神让她保持沉默。

约翰突然插了一嘴,指责那位同事说:"尼克,别这样做。利兹展现了我们此时此刻更加需要的东西——坦诚。"

约翰最后这句评论,正体现了我们所说的"榜样式管理"。这种管理模式是转变公司文化的有力工具。在这种模式下,领导者想办法让一个下属展现出某种具体的品质,并将这种品质保持下去,将其树立为榜样,让其他下属羡慕和效仿。如果你要让下属明白某些行为的重要意义,那么你可以经常树立这种榜样,而且这种榜样的示范出现得多么频繁都不为过。我们的重要目的是通过鼓励真正的辩论建立互信。想象一下，如果约翰在那次会议上不鼓励利兹，会发生什么。利兹内心可能觉得苦涩，心想："约翰口口声声说我们是一个多么好的团队，但他只在自己同意某个提案的时候才愿意跟大家做一个团队。"

因此，有必要采取榜样式管理或其他必要的模式，确保每个人都相信公司里没有任何人会控制大家的对话。不然，就算不上探求真实。

我们认为，如果在公开辩论中让下属保持沉默，那么很多下属可能都会觉得自己的权利被剥夺了。此外，如果领导者同一个下属讨论另一个下属的是非，也会破坏信任。这种事情很常见，换句话讲，这是在散布流言蜚语。这种事情虽然很普遍，但其实是不能做的。领导者也是普通人，既然是普通人，那么他们与某些下属的关系好于同其他下属的关系是很正常的。这样一来，接下来的事情你可能已经猜到了。比如你正与一个名叫萨尔的"心腹"在办公室里聊天。你们两个上周末刚好一起去钓鱼。你放下了防备之心，开始抱怨乔伊业绩不佳。萨尔一开始可能觉得跟你交谈得挺愉快，毕竟他在你的"核心小圈子"里面。但过了一会儿，即便萨尔不是特别聪明的人，心里也会犯嘀咕，如果你和他谈论乔伊的不是，那么你很可能与在团队里的其他朋友，比如露西和蒂姆，谈论自己的不是。

这样一来，你公司的信任环境和充斥着流言蜚语的茶馆就没什么区别了。

因此，领导者要博得下属的信任，必须严格保守内心的秘密，无论是在公开对话中，还是在私下的对话中，都要明确表示所有人都平等地属于同一个团队。但这并不意味着你不能同某些下属建立更加友好的关系，毕竟领导者也是普通人，但不能让你们的友谊影响了团队的公平。

领导者不仅不能对一个下属谈论其他下属的不是，还不能就公司的事情在不同人面前发表不同的看法。事实上，领导者需要对不同的人发表对最新业务状态的看法，如果做不到前后一致，就会对自己的公信力造成巨大的打击。无论你只是一个团队领导者，还是一个公司的首席执行官，都是如此。如果是前者，那么你的听众可能只是你的上司、三个同事和几个客户。如果是后者，你的听众可能包括董事会成员、华尔街的分析师、记者等等。对于任何一个级别的领导者而言，同时对多个方面发表看法是完全正常的，但如果领导者对不同的听众发表了具有重大差异的看法，比如在业务重点、乐观程度或数据方面的说法存在重大差异，那就不正常了。真正善于博得下属信任的领导者对每一个人发表的看法都是相同的。不然的话，你与下属的信任必然遭到毁灭性的打击，尤其是在当前这个时代，信息传播没有边界和围墙的限制，随便一句话就能传到每个人的耳朵里，而且在传播过程中会出现多种变体和差异，这种添油加醋的影响会越来越大。因此，切记让自己的说法保持一致。这样各方面的人都会对你报以信任。

领导者经常需要与不同的人群谈判，包括当地社区的人、供应商、客户和工会。如果与这些群体建立了信任关系，那么对话将会轻松高效。这几乎是不言自明的，但我们要说，在现实中，太多的领导者与这些群体开始谈判之时往往都"太精明"。他们会提出一种不现实的观点或者拿出一种必赢的态度。

要知道，谈判需要的是同理心。如果你想建立互信，那就跳出自己思维的局限，站在对方的立场看问题。从对方的视角看待当前形势，理解对方的经历、需求、风险和价值观。不妨问问自己："如果我坐在谈判桌的对面，我要为我自己和我的下属争取什么。哪些事情会困扰我？哪些事情是公平的？"只有这样思想开明、心胸开阔地参加谈判，才能真正开展有意义的对话。更进一步地讲，这种行为也是对未来谈判的一种投资。如果你们之前在一种公平的氛围下开展了谈判，那么你的谈判对手就会认为你在以后的谈判中还会这样做，而这往往就是一个良好的开端。

我们在这里要提到的最后一个话题就是领导者要建立互信，必须妥善处理员工离职的情形。无论对个人而言，还是对公司而言，离职都是一件不幸的事情。很显然，没有哪位领导者想开除员工。有时候，员工可能已经变成了领导者的朋友，或者他们已经在公司工作了几十年，有时领导者还担心员工离职后会就某个明显的不公平问题提起诉讼，或者与竞争对手联合起来报复公司。

无论具体情况是什么，员工离职往往都是一件不幸的、令人尴尬的事情，不仅会困扰领导者和不走运的员工，还会令整个公司、整个团队都蒙上阴影。

如果你是一位领导者，那么如果你刻意疏远离职的员工，就会导致情形迅速恶化。虽然你可能认为员工离职跟你无关，但其实与你相关。你必须直面现实，正确地处理。当初把这位员工招进来，就是你的错误。将其招聘来之后，没能给他提供良好的培训，使其取得更好的业绩，还是你的责任。当他离职时，你要让他优雅地离开，这也是你的职责所在。事实上，如果你没有处理好员工离职的情形，那么不仅这位员工会失去对你的信任，你在整个团队的公信力都会丧失。

因此，要小心翼翼地处理好员工离职的情形，要极度小心。但"小心"并不意味着拖延。事实上，作为一名领导者，如果在员工离职的问题上处理得不及时，就可能导致这名将要离职的员工在办公室走动的时候，其他员工因为知道他要离职而竭力躲避他。如果一个人遇到这种情形，那对他而言简直太残酷、太痛苦了。要不惜一切代价避免这种情况。

如果你一直定期、坦率和务实地向员工传达业绩考核的结果，那么员工对于自己今后是否要离职就心里有数了。当你将解雇的消息告诉他们的时候，他们也不会惊讶。事实上，在反馈制度非常有效的公司里，业绩不佳的员工一般至少有6个月的预警期，而且在公司的帮助下，很多人会在这段时间内找到新的工作。

话虽这样说，但真正能做到这一点的公司却凤毛麟角。很多公司要解雇一名员工，都是要求员工在获得解雇通知的当天收拾好自己的东西。除非在员工道德败坏的情况下，否则这种做法是很糟糕的。我们也很讨厌这种做法。但无论员工是否存在道德问题，优秀的领导者都会关爱每一位离职的员工。

关爱离职的员工是正确的做法。事实上，在离职那天，要像他入职那天去关爱他。他入职那天,你领着他、向每个人介绍他,并以将他招聘过来而自豪。虽然在员工离职那天很难再次产生这样的情感,但你必须这样做。努力克制住发怒或责备他人的冲动,即便这位员工业绩不佳,你也要尽量表现出慷慨的一面。

这样一来,你就展现了正直的品质,离职的员工会感激你,那些仍在上班的员工也会注意到你的表现,这对他们自己也是一种安慰,你会得到他们的尊重。这也有助于增进你和员工之间的信任。

关于领导者,一个有趣的事情就是,在成为领导者之前,你热切期盼拿到任命状,迫切承担起领导者的职责,没错,你还渴望获取领导者的权力,这样你就能按照自己的方式去完成工作了。最后,终于尘埃落定了,你成为一名领导者。但刚干了两天,你就意识到这个工作多么不好做了。没错,领导者的地位确实会给你带来激动和乐趣,但你很快就发现,有些员工需要你给予格外的关注,你的竞争对手数量之多、动作之快都超出了你的预料,还有方方面面的因素限制住了你的预算数字,不允许你按照之前设想的那种灵活方式去做事,而且经济因素和技术因素带来的破坏会一直存在下去。

唯一的应对良方就是"简易化管理"。在每一个决定和每一个行动中,都要不断地追求真实,不断地建立互信,在此基础上领导自己的团队。

探求真实应该成为领导者坚定不移的目标,领导者应该为此拿出发自肺腑、无可抑制的热情,迫不及待地查清楚公司内外究竟发生着什么。

肌肉需要每天锻炼,才能更加强壮,信任也是如此。信任应该被视为一种行为规则,在与下属、上级、所在社区、供应商、客户等群体打交道的过程中,要通过一举一动加强彼此之间的信任。

将探求真实与建立互信结合起来,那么由此产生的合力将会打破今天那些陈旧的领导规则。

第九章
建立一个卓越的团队

周一早上,你信誓旦旦地要在新的一周内通过自己的一举一动打造一个求实、互信的工作氛围。这里有一些小问题需要注意。比如,你的团队里面有一个关键岗位空缺太久了,以至于工作没人做,那么你就要寻找合适的人选去填补这个空缺。此外,你还需要采取一些措施,一些别出心裁的措施,防止你那些优秀的下属跳槽去加入一家总部设在地下车库、非常酷的科技公司。

在这一章里,我们将要探讨的是如何阻挡竞争对手,以及如何招聘和留住人才。总之,我们探讨的是团队建设的问题。

看，每一位领导者，无论是初出茅庐的领导者，还是经验丰富的领导者，抑或介于二者之间的领导者，都知道良好的业绩是良好的团队带来的结果。

有时候，这些团队是自发状态下形成的，每件事情都进展顺利，每个成员都配合默契，仿佛有一种神奇的力量在背后支配一样。但在大多数情况下，团队建设是一种有意识的行为，是一个需要深思熟虑的过程。接下来我们看一看这个过程中有哪些必要的组成部分。

招聘

要打造一个优秀的团队，必须先招聘到优秀的队员。正是由于这个原因，招聘工作非常重要，但也太难做。

为什么这么难呢？主要有两个原因。第一，一些人在面试过程中表现得像个行家里手，而真正工作起来却不尽如人意。大多数时候，问题出在你身上，经理先生或经理女士，是你把事情弄糟了。可能你需要的是具有Y能力的人，而招过来的人却只具有X才能。第二，可能你没有注意到这位应聘者具有某种破坏团队合作的个性，将其招来之后，影响了团队精神。这种招聘失误的情况比比皆是。事实上，在我们的评估中，如果外部招聘的正确率超过60%，内部提拔的正确率超过80%，那么你就能跻身超级英雄的行列了。

因为招聘到正确的人非常难，因此，当你发现招聘失误之后，不要试图把所有问题捂起来。不要觉得尴尬。你不妨这样想：你加入了一个规模十分庞大的俱乐部，名为"国际诧异经理人协会"，这里面的每一个经理人在招聘新人时都曾信誓旦旦地认为自己招聘到了正确的人，但最后却发现并非如此，于是诧异地说道："但我当时确定这个应聘者是完美的。"（我们二人也曾经出现过这种失误，因此，我们也是这个协会的成员。）你要勇于承认和面对自己在招聘过程中的失误，不要为了防止上司或同事发现自己的招聘失误，或为了防止新人工作出错而把新人的工作揽到自己这里。如同任何形式的"犯罪"一样，掩盖问题往往导致情况越来越糟，比最初的问题还糟。请相信我们，你的上司会理解你的，你承认失误反而能为你博得尊重。一旦出现失误，就要敢于面对，以一种能够照顾到他人尊严的方式将不成功的新人解聘，之后重新开始招聘。

以更好的方式重新开始，根据正确的招聘要求重新开始招人。

你肯定有一个招聘要求列表，难道不是吗？大多数经理人都有，但问题是，因为招聘工作非常难做，随着时间的推移，很多人的招聘要求对照表读起来就像是我们失误的历史，上面记载的都是我们希望员工具备的优秀品质。比如，对照表上可能写道："老天啊，下次千万不能忘记要招聘一个具有自知之明的人。亚瑟对自己浑然无知，快把每个人逼疯了。"

我们不打算就你的招聘要求列表发表什么看法，因为如果你一直从事招聘工作，那么你的列表可能已经相当精细了。我们在这里只是提醒你一下可能你的列表还不够精确。

好的招聘要求列表与你公司的使命具有密不可分的联系。更深刻地讲，它们与那些你认为有助于实现使命的具体技能和行为密切相关。是的，我们说着说着又开始讨论起协同力了。我们当然不能不谈协同力，因为协同力是成功的源泉，离开了协同力，公司的成功就无从谈起。

现在，我们知道大多数经理招聘过程中都会刻意寻找应聘者是否具备某些"必备"特征。诚信就是其中之一。当然，你在招聘要求列表中肯定会提到这一点。无论应聘者在其他方面表现得多么优秀，多么有吸引力，"诚信"都是一个具有"一票否决"作用的先决条件。如果诚信缺失，其他方面再优秀的应聘者也不能录用。其他"必备"特征还包括一些受到普遍欢迎

第九章
建立一个卓越的团队

的情商要素，比如具有自律意识、自知之明、内在动力、同理心和社交技能。

但除了寻找所有这些令人钦佩的品质之外，你必须（重复一下，必须）仔细地确定公司需要什么样的关键能力和行为来实现使命，然后看看哪些应聘者符合这些关键的要求。这是我们在招聘问题上给你提供的最重要的建议，无论怎么强调都不为过。招人时要谨小慎微。

还记得在第四章里我们探讨公司全球化的问题时提到外派人员最该具备的关键素质吗？我们认为，洞察力是外派人员应该具备的最关键的一个素质。洞察力就是同时具备商业头脑、文化敏感性和古老的智慧。外派人员要有能力、有自信地知道何时推进公司的意志和行为方式，知道何时保持克制，以尊重当地的习俗和道德观念。

现在，想象一下你的公司将海外扩张作为使命的一部分。你打算寻找什么样的员工呢？这并不是一个冷僻的问题。是的，答案是寻找具有洞察力的人才。

我们通过另一个例子说明这一点。在第一章中，我们讨论了首席执行官戴夫·卡尔霍恩让全球性市场研究公司——尼尔森集团绝处逢生、华丽转身的案例。戴夫解释说，尼尔森集团之所以能够获得重生，主要原因是招聘了一批新人，所有这些新人都认可戴夫和他的顶级管理团队倡导的、有助于实现公司使命的三种行为方式，分别是：第一，以开明的头脑接受新想法；第二，以强烈的愿望突破部门限制去分享这些新想法；第三，能够以简明易懂的方式将变幻无常的大数据解释给同事与客户。正是具备这三个优秀品质的人才将一个庞大臃肿的传媒集团转变成了一个反应迅速、高度整合的市场研究公司。

毫无疑问，戴夫在招聘新人时，还会注重其他有助于再造尼尔森的特质，包括坦率、有同理心、精力充沛等等。但我们向你打包票，他招聘的新人里面，几乎每一个人都具备他特别注重的那三个品质，不然，尼尔森集团不会做得如此出色。

成功的招聘需要遵循一定的规则。招聘者需要先知道公司需要哪些能力和行为方式才能赢得竞争，然后要深入考核应聘者，看看它们是否具备这些素质，最后只与那些具备这些素质的应聘者签约。虽然招聘过程就是这样开展的，但你仍然可能会出差错，不过你可以用严谨的态度提升成功概率。好的招聘不是即兴表演，需要慎之又慎。

我们在招聘问题上发表的看法，如同在其他问题上发表的看法一样，也需要补充一些关键的说明和提醒。这些内容可能会让你有所顿悟。如果你愿意，可以让它们指导你的招聘过程。我们的说明和提醒主要包括以下几点：

- 无论你的招聘要求清单上有三项、四项还是五项有助于落实使命的技能和行为方式，一定要确保这个清单把智商包括进去。在当今的商业环境中，竞争环境是不公平的，哪个团队的成员最聪明，哪个团队就最有利。

- 性格很重要，特别要警惕坏性格的人。一个关于比尔·克林顿的故事能很好地说明这一点。事实上，这个故事是他自己讲的。他说，每次发表演讲，虽然可能会有一万个欢呼的听众，但他总会在人群中发现那些沉默的、发火的人，并尽力用每一分钟让那个人微笑，直至演讲结束。

闷闷不乐、喜欢生气、傲慢专横、虚伪做作或具有其他性格缺陷的人似乎总有办法吸引其他人的注意力，不是吗？在工作环境中，他们可以降低整个团队的士气。显然，如果一个应聘者具有极为出色的技术能力，离开他，工作就无法开展，那么，即便他有性格缺陷，你也可以将其作为一个例外情况去考虑。但对于一般人而言，在招聘过程中应该设置高标准。一个人的负能量是无法通过训练消除的。在一个团队中，只要有一个这样的人就能让你的整个团队弥漫着负能量。

- 在某些产业里，特别是在创意产业里，喜欢"搬弄是非"的人往往比较多。你知道，这类人喜欢吸引别人的关注，希望将自己置于舞台中央，成为他人关注的焦点。不幸的一点是，这类人往往非常有才，不然他们也不会出现在你的录用名单上。你肯定会想："哦，我真的很喜欢鲍勃，但他似乎也太……情绪化了。"

过度情绪化的问题在于，它会逐渐扩散，直至影响到团队的每一个人，这类人喜欢四处散播关于他人的隐私和流言蜚语，导致他人陷入窘境。谁结婚了、谁离婚了、谁买房了等生活中的事情都可能成为他们炒作的素材。虽然大多数员工知道如何妥善分享这类生活信息，不让它们干扰工作，但那些喜欢看戏的人却唯恐他人耳根清净，不到处宣扬一番决不罢休。这种做法会降低团队的工作效率。有时候，他们的才能可以抵消掉降低的工作效率，但这种情形并不是很常见。

- 接下来，要警惕那些没有认识到自己只是一个普通人的人。我们指的是那些过度自信的人。不要误解我们的意思。健康的自信是必备素质，因为这是一个人在挫败之后重新振作的源泉。但如果你面试的人自信心过于膨胀，达到了桀骜不驯的

第九章
建立一个卓越的团队

程度，那就要高度警惕了。要远离这类人。

- 最后，你的招聘要求列表需要把这个问题考虑进去："我向应聘者提到的证明人验证过了吗？我真的找他们调查过应聘者吗？"

没错，我们当然明白很多证明人说的都是废话。应聘者自己找的证明人肯定会说一大堆溢美之词，这是人之常情。或者，当你找到应聘者曾经供职的公司时，那家公司的高管可能会给你一种惯常的明哲保身式答复："我们不讨论离职员工。"

不要就此气馁，打起精神继续找，找到一个真正了解应聘者的人，然后听听他对这位应聘者的看法，看看他说了什么以及还有哪些方面没说到。如果对方只是做一番非常世故的评论，或者没有从细节层面上提到应聘者具体取得了哪些成就，即便你很不想继续听下去，也要克制住把话筒从耳边移走的冲动，要坚持听下去。此外，如果证明人对某位应聘者做出了负面的评价，你还要压抑住为这位应聘者找借口的冲动。（比如，"那家公司乱得一团糟，他们不懂得欣赏凯西。"）你必须直面证明人的评论，尤其是负面的、不光彩的评论。不然的话，等到凯西入职三个月后把工作搞砸时，你肯定会对自己怒吼道"我早就告诉过你了"。

如何留住人才

如果你的下属想跳槽到一个成立于车库或旧金山某个阁楼的初创公司，或者跳槽到你最大的竞争对手那里，你该如何应对呢？接下来，我们就探讨一下如何留住人才。

关于这个话题，现有的文献资料能找到一大堆，但其实我们觉得这事并不复杂。相反，留住人才其实很简单，就是他们幸福与否的问题。幸福的员工才对工作有热情。他们承担的责任与自己的能力相匹配。他们喜欢并且真诚地关心同事与客户。同事与客户会让他内心充满动力，促使他尽力把工作做好。他们效率高，愿意配合他人，与他人合作，在合作中取得成功。

幸福的员工才会留下来，才会做好工作。

不是吗？因此，你需要做的只是确保你的员工能够开开心心地工作，让他们对事业的前途和公司的前途充满希望，多鼓舞他们，让他们的工作充满成就感，同时又不乏挑战。

作为一位领导者，你的职责就是让下属有幸福感。

虽然让下属有幸福感是一件迫在眉睫的事情，但请不要过度担忧，或者说不要忘记应该从哪里着手。

要从薪酬开始着手。

第九章
建立一个卓越的团队

要知道,薪酬对人很重要,非常重要。当然是这样。名誉是不能当饭吃的。你送孩子上大学,总不能让他以学校食堂或廉价饭店里的免费零食为生。正是由于这个原因,你作为一位领导者,无论在公司里面处于什么级别,都需要根据下属的业绩给予慷慨的薪酬。这是激励下属、留住下属——也就是说让下属产生幸福感——的一个基本要求。然而,令人惊讶的是,许多领导者都忘记了这个事实,尤其是当他们步步高升时。其实不能这样。你第一次获得晋升、第一次拿到奖金或第一次获得公司股票可能是几年或几十年以前的事情,但你心中应该时刻铭记当时的感受。你当时肯定激动兴奋,觉得一切皆有可能,产生了深刻的归属感。同时,你曾经可能觉得自己的薪酬应该大幅提升,结果却发现提升幅度非常小;你可能觉得你应该获得一笔奖金,结果却没有获得,你感觉这些事情很不合理,从而导致自己产生了严重的隔阂感。

如果你刚刚被晋升到领导岗位上,一定不要忘记我们前面描述过的"慷慨基因"。也许这种基因不是你与生俱来的,但是只要你注重培养这种基因,什么时候都不算晚。即便你自己的涨薪幅度不符合你的预期,你也要慷慨地给下属涨薪。要学会分享下属成功的喜悦。毕竟,你们属于同一个团队。

谢天谢地，涨薪并不是你提高下属幸福指数的唯一方法。除了涨薪之外，你还有另一个方法：你可以打造一个卓越的工作环境。

是的，卓越的工作环境。我们这里所说的卓越，是指工作环境要充满乐趣，令人兴奋，并且给下属充分授权，而非集权。这样的工作环境令人向往，人们都期待着到这里工作。

顺便说一句，这并不是专门给你的上司或你上司的上司提出的一个要求。创造这种工作环境是每一位领导者的职责，无论你的团队只有三个人，还是有3 000人，概莫能外。

那么，具体该怎么做呢？

第一步就是要明白，为了避免优秀下属跳槽到富有企业家精神的初创公司，你必须为他们提供那些初创公司能够提供的一切东西，除了让他们在发薪日那天激动之外，还应该传递积极的能量，打造一种"我们可能变成巨人"的士气，给予畅所欲言和得到倾听的机会以及真正发挥影响力的机会。此外，还要消除公司里单调乏味、愚蠢压抑的官僚主义风气和等级制度，不要让员工把大量精力耗费在琐碎繁重、没有意义的工作上。如果做不到这些，你可能会失去很多优秀员工。

换句话讲，如果你的公司没有形成一种良好的文化，就会失去很多优秀的下属。这种文化不会压抑人，只会解放人。这种文化建立了直接责任人制度，充满了乐趣，取得突出业绩的人会获得巨大的经济回报。这种文化不会让任何一个人感觉自己就像一个机器上无关紧要的齿轮，而是每个人都能理解自己的贡献具有哪些意义。这种文化不会因为某些好创意没有得到落实而惩罚员工，反而会欣赏员工为了这些创意付出的努力。这种文化不会因为员工没有熬过一定的期限而剥夺他们晋升的机会，员工想做成一点事情，不必与迷宫般复杂的程序打交道，也不必事事都请示大大小小的领导者。

简而言之，这种文化让员工获得了自由，他们能够产生主人翁意识，能够像主人翁一般去做事。

我们知道很难向规模庞大、历史悠久的组织灌输这种思想，它们不愿意建立这种充满活力的文化，但这些组织并非唯一的"堡垒"。几乎在各个规模、各个类型的公司里，我们都见到过那种单调乏味的文化，这种文化只会让人感到压抑，让人变得更加愚蠢。我们知道当代的公司，尤其是规模较大的公司，迫切需要采取一些管控措施，在发生了安然事件和金融危机之后更需要这么做。

但你不能因为采取管控措施就削弱建立卓越团队的力度。

相反，你要通过求真务实和建立互信去激发员工的灵感，去改进公司的工作流程，同时还要在员工中树立一些榜样，借助榜样的力量去影响其他员工。当有人为你的团队增添了乐趣和兴奋时，要大声地赞扬他们。当有人削弱了团队的士气，拉团队的后腿时，也要大声地指责他们，将其清理出去。

最终而言，你作为一位领导者，就是要建立一个像高中教室那样的工作环境。你知道，每个高中生都想在教室里多停留一会儿，因为那里有很多有趣的人和事，你总是能在那里找到自己的朋友，你甚至不想离开教室回去吃晚饭。

你知道我们的意思，让你的公司成为一个让员工幸福的地方，你自己也会幸福的。

差异化考核制度

当你构建了一种卓越的公司文化之后，有一个好消息要告诉你：你还可以采取其他措施来建立强大的团队。你可以建立差异化考核制度，强化人事部门。

当然，我们这样讲的同时，也清楚差异化考核可能会导致某些人暴跳如雷，而且人力资源管理部门往往被视为落伍的象征。

第九章
建立一个卓越的团队

不是要冒犯你,可是你错了,真的错了。

先探讨一下差异化考核。

简单地讲,差异化考核是一种体现了求真务实和建立互信的绩效评价体系,有助于提高领导力。每名员工每年至少与他的经理见两面。经理把一张简单的业绩评估表摆在员工面前。最好是手写的,这样看起来更亲切。在这张评估表左侧的那一栏,经理可以列出这名员工的优点,在右侧那一栏列出有待改善的方面。然后,经理再同这名员工开展一次深入的对话,从战略角度或财务角度分析一下这名员工完成业绩指标的情况,看看这名员工的所作所为是否体现了对于实现公司使命具有关键意义的行为方式。在对话结束时,经理可以非常具体地讲一讲自己对这名员工的评价。比如,"乔伊,你是一位超级明星,是我们团队中最优秀的20%的人之一。你的未来是光明的,我们将大幅增加你的薪水,增幅超过平均水平,以便体现出你的贡献以及我们对你的长远期待。谢谢你。"或者经理也可以这么说:"乔伊,你表现得很好,不过有些方面的能力你需要培养一下。我们希望能帮到你。你在我们的团队里属于中间那70%的人之一,是很有价值的,你的涨薪会体现出这个现状。"最后,如果乔伊实在令人大失所望,经理也可以这么说:"乔伊,我觉得你的表现并不好。我们讨论过，你连续6个月没有达到业绩指标，你也没有跟大家分享好创意，因此，这次就先不给你涨薪了。我想想来年怎么帮你找到一个更加合适的工作。"

说到这儿，很多对这种差异化考核制度持有批判态度的人可能已怒不可遏了。他们用了一个不同的说法来称呼这种制度，认为这是"评级与封杀"（rank and yank），认为这种企业文化具有威胁性，合作与友好不再存在，认为要求业绩不佳的员工离职的做法太残忍，也太主观。对此，我们的回应是，真是这样吗？我们认为，这种差异化考核制度其实会让企业更有活力。很多公司管理水平很糟糕，导致员工根本不知道上司如何看待自己的表现，这种朦朦胧胧的、充满不确定性的状态实在太常见了，往往耽误员工的发展，而有了差异化考核制度，员工可以及时地打破这种状态，更好地把握自己的未来。

这种朦朦胧胧的状态是很可怕的，但上述透明的、有利于增强公司活力的措施却很少有企业会采用。在过去的十多年间，我们已经有无数次的机会去问人们："你们中间有多少人知道你们的上司怎么看你们的表现？"多的时候，会有20%的人举手，但非常典型的情况是，只有5%左右的人举手。说到这里，你是不是也觉得有些"泄气"呢？

第九章
建立一个卓越的团队

差异化考核制度遭遇的另一种批评意见认为这会伤害团队合作，因为毕竟前20%的人只有那么多，每个人都会绞尽脑汁挤入这个行列，从而难免会极力毁掉其他人。然而，实际上并非如此。要知道，差异化考核是建立在员工业绩的基础之上的，体现在具体的数字和行为之上，经理只需要向员工清楚地阐明团队合作是一种珍贵的、值得嘉奖的行为。除非你展示出团队精神，否则决不能跻身前20%的行列，甚至连中间的70%也进不了。这样一来，你猜猜会发生什么？没错，团队精神必然得到加强。

暂且不探讨批评者的数量问题，因为你很难确切地知道究竟有多少人对差异化考核制度持有批评态度，而他们的敌意其实比人数更值得探讨。现在我们分析一下为什么这种制度有利于建立一种卓越的工作环境。

"能人治理"制度，或者说"精英治理"制度（meritocracy），对优秀人才很有吸引力。这是一个不言自明的事实。聪明的人、有才华的人都知道自己的价值，他们想赢，他们喜欢与同类人共事。他们渴望自己的价值得到认可，这种认可既体现在薪酬上，也体现在心灵上。比如，如果一个业绩优异的明星员工与旁边小隔间里那个笨头笨脑、磨磨蹭蹭的员工挣得一样多，那么这位明星员工肯定不愿意接受这种局面。这会给人造成一种不公平的感觉，因为这本身就不公平。这是彻头彻尾的负能量，只会打击优秀员工的积极性。

当然，我们也知道这种差异化考核制度并不完美，其实没有任何一种绩效评估制度是完美的，不过，在我们的经验中，差异化考核制度堪称最好的。它的考核方式透明清晰，对业绩不佳的员工而言也是一种解脱，让优秀的员工更加激动兴奋，从而为每个人都创造了改善现状的机会。这种制度为优秀的员工提供了一个微笑和坚持的理由。

人力资源管理新范式

2013年，《纽约时报》的一篇报道指出，硅谷那些科技公司的一个重大优势就是没有设置人力资源管理部门，因为这种部门被视为"速度和效率的敌人"。在硅谷，除了脸谱网等少数几个特别突出的大公司之外，大部分公司都没有专门的人力资源管理部门。不幸的是，反对设置这类部门的地方并非只有硅谷。但我们在这里敢向你打包票，人力资源管理部门绝非可有可无的，在任何行业中都是如此。每一位首席执行官和每一个高层管理团队都要面对这一现实。没有良好的人力资源管理部门，人力资源开发和培训工作就会江河日下，这种情况是非常危险的。人力资源开发与培训工作是让员工产生幸福感的一个必由之路。

虽然我们认识到了人力资源管理部门的重要性，但我们也不会用过分乐观的态度去看待它。我们也知道，在很多公司，人力资源部门的口碑都很差。之所以会这样，是因为大多数公司都把它们的行政职能与真正职能混淆在了一起。

这种情况必须终止。

你知道我们所说的"行政职能"的意思，就是给员工发工资、办社保和发福利。我们认为，在完美的制度下，人力资源管理部门的这些职能完全可以大大弱化，或者由财务部门的人去做。这种新范式就是让人力资源管理部门去做它们真正应该做的事情。

在这种新范式下，人力资源管理部门直接对领导者负责，人员构成方面既包括经验丰富的人力资源管理人士，也包括从各个业务部门遴选出来的精明的、以人为本的经理。这种构成方式是健康的。比如，一个既在工厂里担任过管理者，又具有一线劳动经历的人就是人力资源管理部门的优秀人选，在公司的区域销售部门具有多年管理经验的人也是人力资源管理部门的优秀人选。

关键是，人力资源管理部门必须具有公信力。这样它才不至于影响公司发展的速度，反而会受到其他部门的欢迎，成为工作在一线的经理和员工们的合作伙伴。人力资源管理部门可以通过自己的能力和洞察力促使领导者们识别出哪些员工是位列公司前20%的明星员工，哪些是位于中间70%的有希望、有前景的员工，并为这些员工设计出良好的培训方案，制定具有挑战性的任务，使他们保持对工作的热情，使他们不断成长。人力资源管理部门还要与位于底层10%的员工打交道，帮助他们找到新的工作，在过渡阶段为他们提供帮助，同时还要确保能够迅速地、成功地从公司内部遴选合适的人去弥补空缺的岗位。总而言之，人力资源管理部门的真正职能不是做行政工作，而是纯粹地以人为本，是发现、培训、激励和留住优秀人才。

这听起来是可有可无的吗？

在我们看来，如果一个公司将团队建设作为重中之重，希望让优秀人才保持对工作的热情，乐于为公司做贡献，并愿意留下来，那么人力资源管理部门似乎就是这些公司的一个基石。它们会让员工发现自己工作的价值，发现自己的事业对自己以

第九章
建立一个卓越的团队

及对整个公司的重要意义。

当然,我们也意识到我们描述的这些职能似乎是首席执行官才会做的事情。但如果你在经营一个小公司,或者在一个大公司里管理其中的一个部门,或说你开始创业了,那么在这些情况下,你都需要设立一个专门的人力资源管理岗位。如果有合适的人选,要把握住机会。比如,如果销售或制造部门的某个人展现出来这方面的能力或者具有我们刚才提到的公信力,那就将其挖过来做人力资源管理,让他们专门帮助你建立一个伟大的团队。这样会产生令你无法置信的积极影响。

这种影响也是恰到好处的,是重要的。比如,做好人力资源管理工作,会影响到员工对工作、职业发展前景以及对公司自身的感觉。无论你是哪个级别的领导者,下属的成长、发展以及幸福都是你的责任。让人力资源管理部门帮你完成这个重要任务吧。

在商业领域,如果你单枪匹马地做事,不会产生什么良好的结果。正如我们之前所说的那样,商业依靠的是团队力量。

正是由于这个原因,你必须找到正确的人与你共同奋斗。首先,要用正确的方法、严谨的态度和精心编写的招聘要求清单，遴选一些具有合适技能与行为方式的人才，帮助你落实公司的使命。招聘工作其实是很难做好的，仓促凑合只会让事情更糟糕。

一旦你有合适的人选，你需要创建一个卓越的环境去激励和留住他们。为此，你要努力消除公司的官僚主义风气，鼓励创新，给员工自由，为员工创造发展机会，让他们用主人翁的姿态去关心公司发展，去为公司做贡献。

此外，你还要利用差异化考核制度去消除不确定性的迷雾，让员工清楚地了解你对他们业绩的看法，给员工以及管理者创造一个把握自己命运的机会。"能人治理"的模式是行得通的。

最后，你还要将人力资源管理部门从琐碎的行政工作中解放出来，让他们专心致志地做真正需要做的事情：发现人才，帮助员工完善职业发展规划，建立能够改变员工和公司命运的优秀团队。

如果把这些做法综合到一起，你就准备收获喝彩吧。

第十章
天才、流浪汉与小偷

你还记得 1971 年发生的事吗？也许本书的很多读者都不记得。坦诚地讲，我们自己也记不清楚了。那时，理查德·尼克松还是总统，中国还是个闭关锁国的"堡垒"，日本正对美国的消费类电子产品发起"攻击"，一加仑汽油只需要 40 美分，电脑的块头大得能填满一个房间。

也是在 1971 年，一位名叫雪儿的歌星演唱了一首名为《吉卜赛人、流浪汉与小偷》（*Gypsies, Tramps & Thieves*）的歌曲，一举占据了音乐排行榜的榜首。这一章的标题就是从这首歌曲演化而来的。顺便说一句，在 1971 年的那些名人里面，雪儿是艺术生涯最持久的人之一。在很多歌曲里，她关注的对象都是被社会抛弃的流浪汉群体。在这一章里，我们关注的也是一群特立独行的人，其实也可以说是三类人，但这三类人具有一个共同特点。

这三类人管理起来特别具有挑战性。

第一类，不是这首歌曲提到的"吉卜赛人"，而是"天才"。天才所做的工作是你搞不懂或做不了的。这些员工往往都是从事尖端、复杂的技术工作，比如程序员、分析专家、工程师等。对你而言，这帮人的大脑简直就是一个"黑盒子"，你根本看不懂他们的世界。过去，这样的员工是非常罕见的。但在你晋升为老板的路上，你已经做过了大部分工作，或者接触过很多这类人，对他们的技术世界有了一个基础的了解。今天，你可以通过市场营销或财务提升自己（稍后我们将谈到一位毕业于杜克大学英语系的高管，你可以向他学习），你会发现自己管理的技术天才的劳动成果足以造就或毁掉一个公司。

第二类是"流浪汉"，主要指在家工作的人、自由职业者或合同工。请允许我们明确地做出一点说明：我们采用"流浪汉"这个词，绝对没有不尊重这些人的意思，仅仅是为了说明他们的工作场所不固定、流动性较大。通常情况下，他们也是你团

第十章
天才、流浪汉与小偷

队的重要成员，也会做出重要的贡献，只不过没有出现在你的眼前，没有坐在你的公司里，容易被人忘记。

第三类是"小偷"。在本书的其他章节，我们谈到了"不正直"的员工。我们的底线是每个员工都要具有正直的品格，希望这个底线不要被突破。一旦存在"不正直"的员工，处理起来必须迅速、严厉和公开。我们前面也说过，私下悄悄地惩罚不良行为是没有意义的。

不过在这一章里，我们探讨的并不是这类不正直的员工，也不是真正的小偷。我们用"小偷"这个词代指一些比较常见的员工群体，包括经常导致你浪费时间和精力的员工、业绩不佳的员工和经常制造矛盾的员工。这些员工往往会降低团队的工作效率，在如何对待他们的问题上，我们坚持"强硬路线"，对此，你可能并不惊讶，但如果你问我们"对于任何一个组织而言，最危险的'小偷'是什么"，那么我们的答案就可能会让你感到惊讶了。我们认为，这种最危险的"小偷"并不是某种类型的员工，而是一种感觉，即"担心"，比如，担心失去工作、担心行业崩溃、担心经济衰退等。如果你是一个领导者，你的部分职责就是承认很多下属经常生活在担心之中。你要敢于面对这个现实，这也是你的分内之事。

>> 商业的本质　THE REAL-LIFE MBA

打开黑盒子

乔伊·莱文（Joey Levin）还记得第一天出任Mindspark首席执行官的情景。这家软件公司负责软件的开发、营销和递送，为消费者提供了数十个桌面应用程序，其中包括Television Fanatic、Translation Buddy和Coupon Alert。那是2009年，在出任Mindspark首席执行官之前，乔伊曾经长期从事公司并购业务，先后供职于瑞士信贷和媒体巨头IAC集团，即Mindspark的母公司。而他此刻领导的软件公司雇用了数百名软件工程师。

乔伊回忆说："我永远不会忘记与首席技术官初次见面时的情景，当时那种气氛可以说充满了怀疑。他的技术知识比我一生了解得都多，我们都知道这一点。"

他们握了握手。

乔伊先开口说道："我需要向你学习的东西有很多，我期待着向你学习。"

那位首席技术官一脸疑惑地问他的新上司："你要向我学习？"

"是啊，因为我不明白你正在做的事情，所以我想向你学习。"

乔伊回忆道，在那一刻，一切都变了。他说："我记得他从怀疑到松了一口气，表情非常坦诚。那一刻，我们似乎都意识到可以一起工作了，后来的确也是这样。"

今天，乔伊管理着IAC集团下面的多家公司（包括Mindspark公司），市值高达16亿美元，但他早期与Mindspark公司首席技术官的合作伙伴关系仍然是一个非常好的例子，告诉我们领导者应该如何才能以一种互利共赢的方式管理"天才"。

答案还是探求真实和建立互信。

要探求真实，双方首先要明白对方的工作没有什么神秘的地方，以后也不会有。这就意味着领导者要不断地向"天才"们提问提问再提问，直到他们的认知处于同一个水平，而且"天才"也要不断地回答回答再回答，直到领导者明白自己的技术为止，不要吝啬自己的知识，而是要热切地回答领导者提出的问题。

有时，这种探求真实意味着必须把一项工作分解成几个小的、易于理解的部分。乔伊以自己加入Mindspark之前参与的一次公司并购为例说明了这一点。当时，首席技术官向公司的最高管理层提出需要新建一个数据中心，所需费用为1亿美元。

说得客气一点，这个请求出乎了大家的预料。

于是，管理层开始揪住不放，使劲追问了，一波波的问题抛向了首席技术官。比如，"为什么我们要拥有这个中心？""为什么要把这个中心建在你说的那个地方？""需要什么样的硬件投入？""每一个硬件会对我们期待的战略目标产生什么积极的影响？"

最后一个问题将这个项目与战略目标联系到了一起，对于探求问题的真相而言具有尤其重要的意义。毕竟，信息技术领域的"天才"就像其他任何一种业务部门的专家一样，在提出自己的项目规划时，也会想方设法增加一些华而不实的附加项目。不同的是，当其他业务部门的专家要经费时，管理层通常能够更加容易地理解这些专家谈论的内容，而信息技术专家的话则不容易被理解。

长话短说。经过一番认真的分析，管理层最终将这个信息技术项目的投资规模从1亿美元减少到了2 000万美元，而公司并没有因为投资规模的缩减而变得更糟。乔伊说，事实上，资金较少的这个解决方案最后反而更灵活，效率也更高。

那么，在管理"天才"的过程中，如何与他们建立互信呢？乔伊在第一天出任Mindspark公司首席执行官时就发现，要建立互信，必须先尊重对方。此外，如果双方碰巧具有相同

第十章
天才、流浪汉与小偷

的价值观，那么彼此之间也比较容易建立互信。

乔伊解释道："最好的技术人员讲的是'双语'。他们的科技语说得很流利，这是自然而然的，而他们的商业语言说得也很流利，他们能够理解和接受公司的使命和价值观，明白哪些活动有利于公司提高收入和降低成本。他们担心竞争。他们以强烈的主人翁意识去看待公司的业绩数字。"

乔伊接着说，如果你的首席产品官是一个技术专家，是一个不关心盈亏情况以及类似问题的理想主义者，那也是无可厚非的，毕竟他们只是负责技术事务的。但如果他们的上司也这样呢？那就肯定行不通了！技术经理必须关心最后期限、盈亏线和产品线的问题，必须实事求是，对公司的经营状况做出全面分析。

乔伊指出："最优秀的首席技术官是想有朝一日成为首席执行官的人。他们不会一参加谈判就想增加预算，然后让你讨价还价地取一个中间数字。他们应该明白他们与其他部门的人属于同一个团队。"

另一个管理"天才"式员工的好例子来自一个名叫罗杰的人。他是杜克大学英语专业的毕业生。我们在前面提到过一句。34岁的罗杰在亚特兰大管理着一个高科技视听设计和安装公司，公司拥有 45 个技术人才。这些技术人才知道如何迅速而完美地为复杂的商业建筑项目安装音乐、电视、互联网设备。

他的大部分员工都拥有工程学和音乐技术方面的高等学位。

罗杰坦然地说："他们知道的东西，我根本理解不了。"

如同乔伊·莱文一样，专业知识的缺乏并没有阻止罗杰探求知识的步伐。罗杰说："我问了很多问题，我想告诉他们我是多么渴望向他们学习，以及我对他们的工作多么感兴趣，因为事实上的确如此。"

但罗杰认为，获得科技方面的专业知识仅仅是工作的一小部分，更大、更重要的一点是建立一个团结的团队，众志成城地落实公司最重要的战略目标。他说："我关心的第一件事，也是必须关心的事情，就是让客户获得美好的体验。在有些情况下，当客户来找我们的时候，他们刚刚在其他供应商那里获得了非常糟糕的体验，或者我们之前比较老的系统给这些客户造成了非常糟糕的体验。还有一些情况是，我们与客户之前就保持了良好的关系，他们再次来找我们的时候，这种关系会得到巩固。无论是哪种情况，我们都要更好地将自己与客户联系在一起。"

为了实现这个目标，罗杰尽心竭力地做好团队建设，他的做法堪称典范。他深入了解员工，热情地关心员工的生活和利益，努力让他们的工作有意义。

他说："我每天都尽力为他们描绘公司面临的形势，解释为什么公司要做目前正在做的事情，解释为什么拥抱这种变化对他们和客户都是有益的。我的工作就是不断地鼓舞他们，让团队充满动力。我认为自己作为一位领导者，就是要让员工热爱这个地方。"

是的，"领导者"角色的部分职责在于理解工作，但同时还要理解员工。

他说："我认为我的团队可以看到我是真诚地关心他们，因此，我说的一切关于工作的事情，他们都认为是基于信任而提出的。这大大有助于我们开展合作。"

最终而言，管理"天才"与管理平凡者并没有什么本质的区别，不要让他们的独特技能影响你们建立真诚的关系，这种关系应该建立在真实和信任的基础之上。毕竟，天才也是人。

如何与在家工作的人及合同工保持联络

据估算，每五个美国上班族中间，就有一个在家工作，但你肯定认为这比2013年的数字多得多。2013年，雅虎首席执行官玛丽莎·梅耶尔（Marissa Mayer）做出了"不允许员工在家工作"的决定。当时，她解释道："在工作中，沟通和协作是很重要的，所以我们需要肩并肩地工作。因此，我们都应该在办公室里工作。"

且慢，且慢，且慢。玛丽莎发表的这番评论可能太绝对了，存在一刀切的嫌疑。没错，她的观点有一定的合理性，有人支持她，我们也能理解她这番话的合理性，毕竟根据我们的经验，如果办公室里没有人，你就无法带领公司迎来转机。但总体上来看，对于雅虎公司这条命令，雅虎公司内部以及外部的评论基本上都是顺着下面这些思路展开的："我只能在家工作，不然就无法工作。""你不能让时光倒转，在家办公是未来的工作趋势。"

我们也不打算用这本书去为朝九晚五的工作模式做辩护，毕竟现在有很多人是通过网络完成工作的。"每五个美国上班族中间就有一个在家办公"的结果是由"远程上班研究网络"（telework research network）给出的（该研究结果刊登在《福布斯》杂志上）。这份研究还预测，在今后5年内，这个数字将增加60%，并指出自由职业者与合同工的数量也呈现出了增加趋势，在很多情况下，这类工作者可能同时与几个客户开展合作。这两个群体的数量从2005年的1 000万人增加到2013年的

4 200万人。

那么，公司的领导者们应该如何与远程工作的人保持联络呢？

答案是：充分利用信息时代下的每一个工具，最大限度地实现公司理念的"社会化"，即通过网络与异地的合作伙伴保持联络，确保你们的交流互动体现、传递了公司的文化与精神，体现了公司的价值观和行为方式。不能以随意的态度去对待这种"社会化"，而是要真正将其视为一个优先任务，并为此付出不屈不挠的努力，利用技术手段实现这个任务。

下面我结合斯特雷耶大学杰克·韦尔奇管理学院的实践举一个非常好的例子。我们在2010年成立这个学院，总部设在弗吉尼亚州赫恩登城。目前，主要管理工作是一些全职员工承担的，我们二人仅仅起到协助作用。该学院完全采取了网络教学的方式，这种方式能够容纳来自世界各地的900名学员。他们忙于工作，没有时间亲自到学院听课，因此，也没办法在同一时间授课。所以，我们这个学院的虚拟性非常强，学员只是在学完两年的在线课程之后才来到学院参加毕业典礼。

虽然我们拥有一支由30名专业人才组成的队伍负责管理学院日常运营，但我们的40名教师却像学员一样，也不是集中在学院里面，而是分散在北美各地。这些教师都有博士学位，很多人还有工商管理硕士学位。有些教师是全职的，只服务于斯特雷耶大学杰克·韦尔奇管理学院，还有一些是兼职的，他们可能同时担任着其他职务，比如顾问和企业领导者。我们的教师负责讲授课程材料，积极参与课堂讨论，给学院的论文和作业评分，确保学生在学习过程中能够分享自己的想法，为课程的成功做出自己贡献并有所收获，以及确保我们学院的使命得到落实。这个使命就是"今天学习，明天应用"。

我们学院分散在北美各地的教师主要由副院长迈克尔·泽里夫博士负责管理。他曾经供职于学术机构和公司，他利用自己丰富的经历创建了一系列有利于加强社会化的最佳做法。

首先，我们建立了一个类似于客户关系管理的联络机制，迈克尔和每个教师之间建立了固定的，而不是随机的联系。我们在这里不深入讲细节问题了，因为细节有很多。只要明白下面一点就足够了：在这个联络机制下，迈克尔与教师之间通过电话、电子邮件、Skype会话等实现了系统化，这样一来，每个教师每周都会亲自与迈克尔保持联系。有时候，联系时间很长，比如去某个教师家里拜访，或者与某个教师通过电话进行一个小时的交谈等。有时候联系时间比较短，比如，迈克尔只

第十章
天才、流浪汉与小偷

是用15分钟的时间帮助某个教师办理登记。但每位教师在与迈克尔的交流过程中，都获得了非常真实、非常人性化的体验。每个月，每个系的教师都会根据预定计划，开展一次网络视频会议，讨论课程开发问题。而迈克尔会为会议的开展提供各种便利。这种会议可能持续好几个小时，体现了我们这所学院的"社会化"特征。

显然，迈克尔与教师的沟通并不局限于预定的联络。你可能已经猜到了，学院每天都会与教师们通过电子邮件沟通。如果有必要，电话会议或网络视频会议很快就会组织好。但我们认为，要真正实现社会化，仅仅依靠这些互动是不够的，必须更大程度地发挥主观能动性。

迈克尔用于教师管理的第二个技巧是，用一个"数据板"持续不断地记录下教师们在课堂上表现情况的数据，包括他们评价学员言论的频率、评改作业所需的时间、登陆在线教室的次数等等。通过这些数据，迈克尔能够评判教师们的表现情况。比如，这个数据板可能表明一位市场营销学教授对学员作业做出的批注数量很多，位于前10%，但同时也表明，从批注的长度来看，位于后15%。这类数据使迈克尔能够与他的团队开展更有意义的对话，其中既包括在"客户关系管理"机制下的对话，也包括更加自发的对话。

迈克尔在管理分散于北美各地的教师时采用的最后一个办法有点不那么符合学术界的传统，但我们发现这个办法很有"催化"作用。这个方法就是：每个学期，学员在拿到自己的分数之前，会先评价一下他们的老师。哪位老师能把课程讲得生动活泼，能与学员频繁互动，哪位老师就会获得较高的评分，学院也会给予其精神和物质奖励。得分中等的教师会接受培训，得分太低的教师不会立即被解聘，而是继续留下来观察一段时间，是否解聘视最后的得分情况而定。我们看到，这种差异化考核方式的应用极其有效地促使教师们培养和巩固了正确的行为方式。此外，一个额外的好处（一个很大的好处）就是，这种评估机制激发出教师们相互交流的愿望。事实表明，每个人都想拿起电话与那些得分最高的教师交流一番，或者向那些因为善于使用试听媒介而获得较高评价的教师请教经验。正如迈克尔所说的那样，"在我的职业生涯中，很多教师虽然每天都会见面，却从不交换想法，他们只想以自己的方式做事。有趣的是，在管理身在异地的教师时，我们发现我们可以把世界各地的教师组建成一个团队，而且他们彼此愿意分享想法。"

我们这个学院目前的社会化管理方式非常好，我们很喜欢，

第十章
天才、流浪汉与小偷

但类似的好例子到处都是。苏·雅各布森是费城雅各布森战略通信公司的首席执行官。该公司经营状况非常好。公司只有一个全职成员，就是雅各布森本人，还有一个由42名合同工组成的团队。这些合同工都各有所长，有的擅长媒体宣传，有的擅长危机管理，其中很多人曾经是职场女性，有了孩子之后，为了获得更大的灵活性，就放弃了固定工作，转而做自由职业者。

虽然雅各布森的商业模式能够很好地适应客户需求和公司状况，但好几年前，她就意识到，这种模式不利于那些在家里工作的自由职业者形成浓厚的集体意识，也不利于她们掌握对于提升公司业绩非常重要的知识。因此，她每周二上午都会发起"闪电式交流会"，每一位正在为公司效力的自由职业者有5分钟的时间谈一谈自己正在做的项目。

雅各布森说："这些会议不是为了炫耀什么，我们不会让这种情况发生。她们分享观点，集思广益，互相帮助。"

在雅各布森的很多员工看来，这种会议恰巧是这份工作最大的亮点之一。她们非常喜欢这种会议塑造出来的友情，非常喜欢自己收到的建议。因此，雅各布森觉得自己的团队之所以能够保持稳定，一个关键原因是这种会议产生的凝聚力。众所周知，自由职业者都是来来去去的，随着工作和薪酬的改变而改变，但在长达 5 年的时间里，雅各布森的团队仅仅失去了 6 位自由职业者。

之所以出现这种情况，原因还是社会化。

因此，如果你需要管理在家工作的人，那么你的脑海里应该回荡着"社会化"这个词。要充分利用一切可用的技术，和他们保持联系，并且能够管理不同国家的自由职业者。他们不在你的视线中，并不意味着不在你心中。

如何应对充满负能量的员工

有些员工的确会从你的公司里"偷"东西，但正如我们之前所说的那样，这类员工是少之又少，而且我们也指出过，管理这类员工的方法是直截了当的：大声地、严厉地、公开地斥责他们，然后将其扫地出门。

相比之下，有些员工可能会"偷"你的时间和精力。这类充满负能量的员工具有典型性，且应对起来是最难的。

我们先探讨一下业绩不佳的员工。这些团队成员的业绩表现长期处于公司最底端的 10%。顾名思义，差异化考核要求领导者不必在这类员工身上花费太多精力，只需要帮助他们缓解

第十章
天才、流浪汉与小偷

向另一份工作过渡的压力就足够了。毕竟，领导者应该用其大部分精力去拥抱和支持前 20% 的明星员工，为他们加油喝彩，或者为中间 70% 的员工提供建议和培训。

但实际情况为什么往往不是这样呢？大部分领导者都发现他们用大量的精力去参加一些没有意义的会议，或者谈论一些业绩不佳的员工，以至于严重影响了自己的工作效率。比如，"里克又没有制作好表格，害得萨莉必须熬一整夜，才能为客户制作出来。我们该怎么办呢？"比如，"克莱尔又错过了一个最后期限，但我不想逼她，因为她说她患上了偏头痛。"再比如，"拉尔夫不断开一些跟破产有关的笑话，降低了每个人的士气。谁能让他闭嘴呢？"影响工作效率的不仅仅是这些无谓的对话。最浪费精力的事情就是打消一些员工的疑虑和借口，让他们鼓起工作的勇气。

如果从外人的角度来看，应对业绩不佳的员工的方案是很简单的，即他们需要挪位让贤。然而，稍微认真思考一下就不难发现，很多公司不会解聘业绩不佳的员工，因为它们担心员工对被解聘一事做出过激的反应。通常，解聘一个非常熟悉的员工也会让领导者们感到内疚，或者后悔之前没有及时给出坦率的反馈，以至于耽误了这名员工改善自我的机会。因此，他们磨磨蹭蹭，犹豫不决。他们与人力资源来回商量，晚上辗转反侧。我们有一个朋友在一个家族房地产开发公司任首席执行官，该公司大概拥有300名员工。他告诉我们说他用了整个夏天，绞尽脑汁去解雇一个名叫哈利的人。哈利为该公司效力了40年，并被任命为多个特殊项目的负责人。许多人认为他是公司的"灵魂"，但他只是在公司工作过很长一段时间而已。他喜欢与他的同事分享公司在早期发展阶段英勇的创业故事，当时只有哈利自己和现任首席执行官（即我们那位朋友）的父亲一起在地下室工作。但我们这位首席执行官朋友及其团队都知道这个人在长达10年的时间里都没有出色地完成过他的工作。

这位朋友对我们说："为了讨论哈利的事情，我们董事会不知道开了多少次会议，我根本说不清。我们担心一旦将这个消息告诉他，他会做出过激反应，也担心公司其他人会做出负面反应。我们讨论了一遍又一遍，任何人都无法面对我们必须要做的事情。这事让我们陷入了瘫痪状态。"

最后，经过一个下午的拖延之后，这位首席执行官把哈利叫到办公室，要求他在圣诞节前退休，说会为他举行一个盛大的送别宴会并赠予一笔慷慨的退休金，还承诺公司的大门永远向他敞开。

第十章
天才、流浪汉与小偷

令这位首席执行官无比惊喜的是，哈利本人并不感到惊讶，反而很感激公司为他安排了这次优雅的退出。更令他惊讶的是公司其他人的反应绝不亚于欢乐的庆祝。是的，人们喜欢哈利。他们欣赏他对公司的贡献，但每个人心里都有数——哈利早就应该离开了。

这位朋友告诉我们说："我无法相信哈利的情况让我这么心烦意乱，让我承受了巨大的压力。他走了以后，好像我有大量的空闲时间去关注公司业务了，我真的希望5年前就把这事做了。"

你可能觉得这个故事有点熟悉，这也是我们给你的建议。作为领导者，你最宝贵的资源就是你的精力，所以，把你的精力放在关心那些顶尖的人才，关心那些有潜力加入你团队的人身上吧。

对于那些总是制造矛盾的人，我们也建议你这么做。你知道我们说的是哪一类人。几乎每一个人说的每一件事情，他们都会提出反对意见，似乎他们的工作就是提反对意见，似乎这就是他们性格的一部分。

有时候，这些人是非常有用的，因为他们敢于挑战现状，挑战群体思维，而且很多时候他们表现得很好。事实上，他们认为自己的表现非常优异，认为自己太有价值了，公司不能解聘他们。

然而，这样的员工往往容易"偷走"他人大量的时间和精力，不仅领导者深受其害，其他每一位员工也会深受其害，因为大家会花费大量的时间去讨论这类人提出的反对意见或者评论。作为一位领导者，你一定不能让这种情况发生。有些质疑是好的，但一旦推迟会议进程，每个团队成员都会受到影响。如果总是某一个人提出反对意见，那么你就该和这个人说"再见"了。如果团队里有这么一个总是制造矛盾的成员，那么你很难做好平衡工作，很难成为一个优秀的领导者，你会深受其害。

如何克服"恐惧"

最后，我们来探讨一下职场人士不愿承认的问题——"恐惧"。

人们曾经认为一份工作就是可以依赖终生的铁饭碗，公司和行业也会因为某个优势确保自己的未来无忧无虑，但现在这种日子早就一去不复返了。我们看到很多人，甚至一些才华横溢的人，都失业了。我们见证了某些公司在短短几个月的时间里走向破产，甚至整个行业都走向了崩溃。

第十章
天才、流浪汉与小偷

在全球竞争日趋加剧和经济长期停滞的新环境下,所有人都会存在这样或那样的担心。

作为一个领导者,好好应对这一现状是你的分内之事。你要和员工探讨一下他们在担心什么,告诉他们真正需要担心什么以及哪些担心只是受谣言或猜测的误导,因为如果你不这样做,我们可以向你保证,他们的想象力将导致他们浪费大量的精力,最后却几乎看不到什么工作效果。

我们认识一个区域零售经理,姑且将他称之为詹姆斯。6年来,詹姆斯每年都能带领他的团队推动零售额实现近10%的增长,他的职业生涯也一帆风顺。但后来,詹姆斯的上司,即一位女总经理,被一家竞争对手挖走了。这个竞争对手是一家快速增长的在线零售商。这位总经理跳槽之后的第一个举动是什么呢?就是给詹姆斯打电话,让他加入她的团队。

詹姆斯回忆说:"她说的话一针见血,她告诉我说我们公司再过几个月就会支撑不下去了,因为她在跳槽之前听到她的上司们这么说。她说正是由于这个原因,她才跳槽的。她怀疑我们整个行业都遇到了麻烦,因为我们主要做实体店,而我们的客户越来越多地转向在线购物,不过我们当时正在努力进军那个领域。"

连续好几天，詹姆斯都无法静下心去工作，他不停地想：公司真的接近崩溃了吗？如果是这样，为什么首席执行官没有谈论过？他知道这个行业发展缓慢，甚至陷入了长期停滞，但他的所见所闻使他相信这个行业终将反弹。

詹姆斯开始与他的同事们讲起他的担忧。这是自然的反应，但这种担心就像瘟疫一样蔓延开了。很快，每当几个员工在一起聊天，这个话题总会被提起。公司遇到了麻烦？快要裁员了吗？

詹姆斯的担心是由一个别有用心的人造成的，这个人就是他的老上司，这位老上司的目的是挖走詹姆斯。事实上，新闻报道、分析师、竞争对手等因素都会造成这种担心，不过这并不要紧，管理者需要采取的应对举措是相同的。

此时此刻，领导者要表现出绝对的坦诚：坦诚地评价每个人的业绩和职业轨道，坦诚地分析公司的财务状况和发展前景，坦诚地告诉大家你对行业未来的最乐观的看法。

事实上，即便员工不知道这些信息，也未必会集中精力地工作。在工作问题上，无知未必是福。如果员工对一切问题都无知，就会陷入长期的恐惧，不利于提高工作效率。

富兰克林·罗斯福说过："我们唯一应该恐惧的就是恐惧本身。"这句话是很正确的。作为一位领导者，你的工作职责就是

第十章
天才、流浪汉与小偷

消灭恐惧，无论经营环境好坏，都要不断地探求真实的情况。

雪儿的歌曲为我们探讨三类特立独行的员工提供了思维框架，我们对此感觉很高兴，但在本章即将结束之际，我们不打算再次探讨雪儿。

我们探讨的第一类员工是"天才"，他们的数量和重要性与日俱增。第二类是在家工作者，有些只供职于一个特定的公司，有些则是自由职业者，他们的优势也越来越大。最后一类是令你浪费时间和精力的人或因素，有些是显而易见的（比如业绩不佳者），有些则不那么明显（比如总是制造矛盾的人和员工对于不确定性因素的担心）。

现在，对于这三个类别，你可以选择一系列策略和技巧加以应对。多向天才们请教，提出自己的问题，不断深入探讨，同时要让他们知道你真正关心他们，希望能理解他们，你还要把复杂的大项目分解成几个易于理解的小部分。对于远程办公的员工，要借助通信工具与他们保持联络，采用各种流程和技术实现公司使命的社会化。对于浪费时间和精力的员工，则要用坦诚和勇气坚决回击。

所有这些做法都有助于推动你探求公司的真实情况，建立与员工之间的信任,这是显而易见的。要不断地探求真实,不懈地建立互信。最终,无论你管理的是什么类型的人,都无关紧要,不是吗?无论是天才式员工还是普通员工,无论是在家工作还是坐办公室,无论是散布恐惧者还是缓解恐惧者,都需要一个知道如何提高凝聚力、打造卓越团队的领导者。

THE REAL-LIFE MBA 第三部分 **职业管理篇**

第十一章
我的生命应该如何度过

在过去十多年间，我们写过很多关于商业问题的专栏文章，我们所说的"很多"，意思是超过了500篇。这些文章主题范围广，有些是老生常谈的，比如领导的原则是什么，有些则是突发的新闻事件，比如乔·托瑞（Joe Torre）与纽约扬基队的合同问题。有些文章博得了普遍认同，而有些则引发了阵阵非议。但最能触动人们情感的莫过于一篇题为"你辞去工作的四个理由"的文章。简单地说，这篇文章被点阅了75万次，并产生了将近1 000条发自肺腑的、触动人心的评论。

很多人整天坐在办公桌前想："我到底在这里做什么？"

然而,他们自己也承认,大部分时候想归想,最后还是原地踏步。在有些情况下,惰性是罪魁祸首。在其他一些情况下,人们之所以没有辞去令他们不开心的工作,是因为缺乏良好的就业机会,或者受到了生活方式的限制,或两者兼而有之。正如一位网友的评论所说,"这些年来经济一直在衰退,无论你现在的工作怎么样,先忍忍吧。"

但太多的人之所以继续干着不开心的工作,是因为他们不知道自己的生命应该如何度过,不知道自己还能干些其他什么事情。他们只知道自己不想再干当前这份工作了。

听起来熟悉吗?如果熟悉,那就继续读下去,因为这一章的目标就是让这个问题消失得无影无踪。

与命运有个约会

几年前,我们参与了微软公司赞助的一个名为"商业人人有份"(It's Everybody's Business)的在线访谈节目。每一期我们都会走访一家公司,帮助其管理层解决一个困扰公司发展的问题。顺便说一下,这个节目真的非常有趣。正是在做这个节目期间,我们最终走进了赫兹租车公司(Hertz)。我们建议该

第十一章
我的生命应该如何度过

公司推出以小时为计算单位的汽车共享服务，当时这项服务的名称为赫兹连接（Hertz Connect），现在更名为赫兹24/7（Hertz 24/7）。

在这个过程中，我们遇到了赫兹租车公司42岁的高管格里夫·朗。这是一个令你很难避而不谈的人物。格里夫精力十分充沛，有点像神奇的绿巨人浩克，他身材魁梧，似乎要把西服撑破一样。我们很快了解到，格里夫在向公司高层申请负责新的汽车共享业务之前，每天都会跑20多英里，跑完之后会去游泳和骑自行车。每逢周末，格里夫就参加铁人三项运动（游泳、公路自行车、公路长跑）或者指导那些正在接受铁人三项运动训练的人。

最后，赫兹租车公司的高层同意格里夫负责"赫兹连接"业务，但这项业务并没有持续多久。我们认为这是个好消息，格里夫应该也这么认为，因为他在这项业务结束之后就离开了赫兹租车公司，在高档健身品牌——Equinox健身俱乐部找了一份健身教练的新工作。现在，他每天的工作就是为新设的健身俱乐部选址，见见Equinox的经理和他们的顶级教练，讨论如何鼓励更多的人经常锻炼。

为了Equinox健身俱乐部的这份工作，格里夫不得不放弃了可能进一步增加的薪酬，并把家搬到了1 500英里以外的地方。但他说："我很幸福，我的妻子和孩子也很高兴。我从来没有觉得这是在工作，而是觉得自己在做天生就该做的事情。我唯一的遗憾就是走到这一步，我花了20年。"

类似于格里夫的故事还有很多，我们都知道一些，不是吗？一位50岁的医生放弃她的工作而成为一名摄影师？企业高管跳槽到博物馆或进入学术界？基本的发展脉络往往也是相同的：先经历了数年或数十年的"囚禁"生活，然后决心挣脱心灵的桎梏，寻求心灵的重生，过上真正符合内心世界的生活，最后再给这个故事添加一些道德色彩，鼓励你去做自己真正热爱的事情。

当然，这种"再造"生活的故事是值得称赞的。同样，固定在某一个职业生涯轨道之前，尝试不同的工作（甚至行业）是正常和必要的，这是健康的探索。

令我们痛苦的是，格里夫在耽搁了20年之后，才寻觅到了命中注定的职业生涯。

这种情况十分常见，但没必要非得等待这么久，因为我们有一个妙策能帮助你明白应该如何度过自己的生命。这是一个被称为"命运之域"（Area of Destiny）的职业评估过程。

第十一章
我的生命应该如何度过

这个评估过程是这样发挥作用的。把你的生活想象成两条高速公路：一条路上代表着你擅长的事情，另一条代表着你真正喜欢做的事情。现在，想象一下这两条高速公路交叉的情景。你的幸福与你的能力实现了交叉，没错，这个交叉点，就是你构建职业生涯最理想的地方。

哇，是吗？谁做得到？

好吧，格里夫最后做到了。但如同格里夫一样，大多数人刚刚开始职业生涯的时候，并没有把寻找"命运之域"作为自己的目标。相反，大多数人最初追求的事业是基于他们在学校里所擅长的学科，比如，政治学系的优等生成为了律师，英语系的高才生进入了出版业。有时候人们也会采纳父母的建议，比如，父母可能会告诫子女说"现在技术类的工作机会很多"或"如果你是一名会计，永远不必担心薪水"。你接受一份工作也可能是权宜之计，比如，因为这个工作场所离家近，你可以毕业后在家里继续住个一两年。

无论是从概念上，还是从实践上，"命运之域"都打破了跟风式的职业发展轨道。我们再次强调一下"跟风"。生活中很多事情都是由跟风引起的，比如我们去哪儿读大学、最后定居在哪儿以及去哪儿工作等等。我们这个职业生涯评估过程反对这么做。它是"跟风"的解药，而且是我们所知的最好的解药之一。它会促使你思考你是谁，什么会使你的生活有意义，有影响力，有幸福感。引用马克·吐温的一句话："生命中两个最重要的日子就是你出生的那一天和你懂得生存的意义的那一天。"

"命运之域"的意义就在于帮助你尽快迎来"懂得生存意义的那一天"。

或许正是由于这个原因，"命运之域"这个职业评估过程并不是特别容易操作。

你必须深刻分析，你必须全力以赴，你必须非常诚实地看待你的技能、能力和价值观。你甚至可能需要做一点自我反省。

先说说第一条高速公路，即"你非常擅长的事情"。这并不意味着你擅长或有点擅长的事情，明白吗？如果你让人们列出自己擅长的事情，那么大多数人给你的列表可能很长。比如，你可以想象得到，肯定有人会说"我擅长写报告，我擅长数学，我擅长把事情做完美"等等，不一而足。得益于良好的养育、教育和天生的才能，这个世界上大批大批的人都擅长这些，从某种程度上来说都成了"通才"式的人物，但你擅长做某件事情并不意味着你"非常"擅长。

因此，忘掉这些泛泛而谈的"擅长"。"命运之域"的力量

第十一章 我的生命应该如何度过

在于"非常"二字。你比大多数人都擅长什么呢？事实上，你比绝大多数人都擅长什么呢？

面对这样的问题，你的回答必须慎之又慎。你可能会说："我特别擅长用通俗易懂的语言去解释复杂的科学概念，每个人都称赞我这个能力。"或者"我特别擅长用数学方法为新企业分析成本和利润率问题。"或者"我很擅长在时间非常紧的情况下作为团队的一分子完成自己的工作，我甚至擅长让互不欣赏的人之间达成共识。"

我们大概在2010年前后开始使用这种方法帮助人们评估职业发展潜力。在过去的几年间，当我们问别人擅长什么时，听到了各种各样的回答。有一位在大学里攻读古典文学专业的女性，很不愿意走上学术之路，最后她说："我总能让陌生人感觉到自己是受欢迎的，我在这方面有着令人难以置信的能力。很多人都这么跟我说过，我想真的是这样。"现在，她找到了一份非常愉快的工作：在美国一所大学的希腊分校做一名管理员。一位25岁左右的猎头经历了一场职业危机，用他自己的话说，这场危机是由极度的无聊引起的。他说："我特别擅长与紧张的孩子打交道。他们对我很有吸引力，我对他们也有吸引力。他们需要找人倾诉，而我喜欢倾听。"最后，这位猎头放弃了在麦迪逊大道的工作，供职于一个教育项目，帮助存在心理困扰的高中生。

我们要拿出足够的时间来发掘自己的技能或特点，看看究竟自己哪些地方最与众不同。这个过程非常重要，无论如何强调都不为过。你可以回想一下自己从学校到野营地，从家庭到工作的生活经历。你在哪些情形下表现得特别突出？和事佬、谈判者、倾听者、说客、分析师、发明家、评论家、主持人、竞争者等等，你最擅长哪个角色呢？人类的潜力是无限的，同样，你可能擅长的事情也是无限的。

找出第二条高速公路代表的东西要容易一些，人们往往很自然地知道他们喜欢做什么，因为一旦喜欢一件事情，就想一直做下去，似乎怎么也做不够。但在思考自己喜欢做什么时，严谨一点去思考，考虑一下在接下来的几个星期、几个月或一年内想做什么。你最期待哪些活动？哪些活动令你最兴奋，甚至快乐？是为你的团队提出一个新的商业计划，还是独自一人或者与自己的亲密顾问坐下来思考战略决策？是和朋友一起吃晚餐，还是去当地学校做志愿者陪伴和指导孩子们？你喜欢的事情可能非常很多，能够列出一个很长的清单。但为了更好地评估你的职业发展前景，你需要缩小选择范围。哪些活动、事

第十一章
我的生命应该如何度过

业和娱乐活动真的能让你如痴如醉?

回答了自己擅长什么和喜欢做什么之后,接下来就要思考在这两条路的交叉路口都有哪些行业、公司或工作。这个答案有时很明显,有时不那么明显,原因很简单,因为生活中总是存在这样那样的限制条件,比如财务问题或其他个人问题等,这些问题可能阻止你自由的脚步。

对于格里夫而言,这个答案是很明显的,他很清楚地知道如何找到这个结合点。他非常擅长体育,也热心地帮助别人爱上运动,以一种有组织、有规律的方式去锻炼身体。他最喜欢的事情就是参加体育活动,或者与其他体育发烧友一起讨论体育训练问题。他在汽车租赁行业工作了很多年,难怪我们见到他时,他似乎压抑得就要内爆了一样。除了睡觉,他大部分时间都是坐在办公桌前做一份与自己技能不匹配的工作,也几乎无法满足自己的情感需求。幸运的是,他找到了一个能够满足自己追求的行业。

相比之下,对于有些人而言,要找到自己擅长做什么与喜欢做什么的交叉点,并不像格里夫这么容易。以一个名叫吉姆的熟人为例。吉姆在大学学习音乐剧,毕业后,他搬到了纽约,在百老汇找了一份工作。

和其他满怀希望而来的人一样，吉姆对这份工作并没有培养出特别特殊的感情，两年后，他回到学校学了景观设计专业，成为一名景观设计师。为什么呢？嗯，他一直很擅长绘画，他喜欢在外面到处跑。另外，他感觉景观设计师的工作比较稳定。他告诉自己，这是一个相当好的工作。

事实上，这份工作的确不错，吉姆一连做了15年。他拿到了学位，在一家不错的公司找到了一份工作，后来成了该公司的初级合伙人，结了婚并育有两个孩子。每到周末，他都会去教堂的唱诗班唱歌，用他自己的话说就是，他在"放纵"自己追求音乐剧的内心。

但他总觉得自己的生活缺失了某个东西。他知道这一点，他的妻子也知道。这里的"某个东西"指的是职业成就感，是兴奋，是希望。

吉姆通过"命运之域"的方法分析自我时，惊讶地发现他非常擅长凝聚团队的力量。根据他的回忆，在大学里，乐队指挥经常抢着邀请他加入他们的团队。他那乐观、稳重的气质能够抚平分歧，促使人们在一起高效地工作。吉姆的领导也注意到了他这个能力，只要有项目遇到难打交道的客户，需要找人提供支持，都会派他去解决。

那么他真正喜欢做什么呢？嗯，除了喜欢与家人在一起之外，吉姆只是想唱歌。

你可能在想，什么工作才能把这两点结合起来呢？

通过运用一些创造性思维，吉姆自己找到了这样一个结合点，即音乐剧场管理。他不必每天都唱歌，但每天都能听到歌声，这是很好的。与此同时，在每场演出中，他都要协调数以百计的事项，组建表演团队，这让他发挥出自己的影响力。他很有职业成就感。

吉姆对利用"命运之域"的分析结果比较激动。他说："感觉很正确。"但他还知道改变不是轻易能做到的，因为你可能在财务方面存在一定的负担和压力。他估计需要5到10年的时间才能从景观设计师的工作转换到音乐剧场管理的工作。这个事件对于使用"命运之域"分析法找到交叉点的人而言是很常见的。事实上，有时候，要转换到自己理想的工作似乎根本没有可能，因为这会给你现有的生活带来翻天覆地的变化。然而，我们仍然建议你用这种方法找出你真正希望做的工作，它就像一颗启明星，为你指出继续前行的方向。

最后再举一个成功的例子来表明这个看似简单的分析工具产生的积极的颠覆作用。一位名叫马库斯的年轻人在上大学时，迫切希望学习地质学。为什么呢？因为在读高中期间，他很擅长数学和科学，而且根据当地的就业形势来看，做地质工作似乎是最有趣的。此外，他还听说地质和能源领域有很多工作岗位。

但大一那年还没过一半，马库斯就明白了究竟怎样才算"很擅长数学和科学"，他明确地知道一件事：他算不上擅长。马库斯也了解到，如果要在地质和能源领域找工作，就意味着他要读研究生，而一想到自己要花上6年甚至更久的时间去辛辛苦苦地学习，才能跟其他人保持在同一个水平线上，一股凄凉悲哀之情便涌上心头。后来，正值看不到什么希望之际，他遇到了"命运之域"分析法，或者更加准确地说，他焦虑不安的父母向他介绍了这种分析法。

他们三个人开始认真分析马库斯在哪些方面具有独特的优势，答案很快就浮现出来了——音乐！更准确地讲，马库斯很擅长发掘在几个月或一两年内走红潜力较大的新歌。这个能力或许有些模糊不清，但他自孩童时就表现出了这个能力。他从14岁开始到电台主持每周音乐广播节目，在读大学期间也一直在主持这种节目。他会重点推荐一些音乐，而这些音乐恰恰是未来将要走红的。他的家人开玩笑说马库斯可以提前三年预测出格莱美奖的获奖人选。

那么马库斯喜欢做什么事情呢？这也是几乎不用怎么思考就知道的，当然是听音乐。他还喜欢谈论音乐，与朋友分享音乐，读音乐博客，听音乐会，而且越是名气不大的乐队越好。

今天，马库斯正在朝着音乐编辑的方向发展。"高兴"一词已经远远无法形容他的感受。

他的父母也高兴。我们之所以知道，是因为我们就是马库斯的父母。

你知道，有很多关于职业发展的书籍给出了多种多样的自我评估工具。我们不打算做重复的工作，只是为你提供我们知道的一种最有效的方法，帮助你回答"我的生命应该如何度过"这个问题。

找到自己的"命运之域"在哪里，成就便会与幸福相遇。在那里，工作不再只是工作，而是完全变成了自己的生活。

创业不只是一种生活方式

曾几何时，做一位企业家并不是人人所愿。本书的一些读者可能记不得那个时代了，但那个时代的确存在过。什么时候呢？那是恐龙漫步在地球上的时候。严肃点说，那时，一群群西装革履的人争先恐后地涌向摩天大楼或其他类似的建筑，希望找到一份工作，而不是创业。20世纪70年代，石油危机促使人们迫切希望获得地质学学位。能源领域，还有金钱吸引了人们的注意。在过去30年间，投行和咨询公司吸引了大批刚刚走出校门的工商管理硕士，吸引力之强，不亚于真空吸尘器从地毯上吸起饼干碎屑时的吸引力。

在过去十年的大部分时间里，企业家精神都受到了重视，但要明确一点，具有创业家精神的人还不是特别多。事实上，根据《华尔街日报》的报道，美联储2013年的数据表明，在30岁以下的人里面，企业主的比例达到了24年以来的新低。但在很多顶尖的商学院，"要么创业，要么破产"的时代精神已经深深地扎下了根。比如，在斯坦福大学，不参加任何招聘面试被视为一件光荣的事情。如果你要建立自己的事业，为什么还要去参加面试呢？在麻省理工学院斯隆商学院，我们中的一个（杰克）教了一个班，这个班上大概六分之一的学生在毕业前就至少拥有一次创业经历了。

为什么我们需要对创业投入如此巨大的热情呢？要知道，做一个企业家似乎非常有趣，不是吗？看起来是很英勇的事情。

第十一章
我的生命应该如何度过

你在没有规则的地方制定规则，也可以在有规则的地方改写规则。你可以把车库当办公室，把球桌当会议桌。你像动物一样工作了几年，后来某一天，你的公司上市了，在证券交易所敲钟的人正是你。再过几年，你的公司被收购，你就可以到世界各地旅行了。再往后，你获得一个专业运动品牌的特许经营权，一切又可以从头再来。

这就是生活！

但有一个问题要注意。

要成为一个企业家，你需要有个好创意。这个好创意要足够有潜力，有利可图，能带来增值，能让人兴奋，能改变固有的范式。与以往的创意相比，你的创意要有特色，要更好。

还有一个问题要注意。

有了好创意之后，你还要有无畏的精神。这是一种很稀缺的优秀品质。我们谈论的"无畏"不是对风险的普通容忍，也不是高于平均水平的容忍。要成为一个企业家，你需要极大的勇气、疯狂的激情和超出理性范畴的决心，忍受反复出现的近乎死亡的体验，在你的想法成为现实的过程中，这种体验肯定会出现。你可能好几次面临钱被用光的情况，你可能会犯愚蠢的错误，你的供应商和合伙人可能会欺骗你。你很可能不想睡觉，不需要睡觉，或者根本没有机会睡觉。

我们这里描述的是不惧困难的勇气，其实大多数人明白勇气是创业所需的一种素质，但根据我们的经验，大多数人似乎并不理解"大创意"在创业过程中的作用。事实上，自2001年以来，我们到各地演讲和提供咨询服务期间，有数百人（也可能有上千人，尤其是学生）兴奋地告诉我们他们渴望成为企业家，我们接着问，"那么你独一无二的产品或服务是什么"，这时，他们就陷入了犹豫之中。

当然，有时候也会有人立即给出自己的答案，比如，有人说改变固有的行业模式，在线销售定制服装，也有人说生产和销售治疗偏头痛的手持设备。这两个答案后来都得到了落实。（顺便说一句，今天这两家公司都已经建好并投入运营了。）

但更加常见的是，我们只是听到一些充满不确定性的回答，比如，"创意？哦，还没想好。可能是一个新的应用程序吧，我不确定。但我确定我想成为一位企业家。我只是不想为别人打工。"

这种渴望完全可以理解，但仅仅有这种渴望是不够的，这只是最基本的条件。

然而，请注意，我们虽然提出了这些劝告，但这并不意味着创业会给你的一生带来痛苦，只意味着你现在还不适合创业。那么，你应该从哪儿开始呢？可以肯定的是，你应该先找到一个富有企业家精神的环境。

还记得我们在前文中提到的室内设计师邦妮·威廉姆斯吗？作为一位室内设计师，她拥有一段漫长的、成功的职业生涯。后来，到2010年，她决定推出自己的家具产品线，让亚洲的工厂负责制造事务，然后通过世界各地的零售店销售出去。邦妮更好、更新的想法是这样的：与亚洲工匠密切合作，严格把好质量关，批量生产高档家具，打造出自己的设计品牌，以合适的价格销售给期望值较高的有房一族。

但邦妮也知道自己不擅长哪些方面的事务，包括如何做好存货融资以及如何做账等。于是，她立即开始组建一个由专业人士构成的团队，每个人都有自己擅长的领域。

如果你希望成为企业家，却没有好创意，那么你不妨先加入这样一个团队。在过去30年里，有无数个企业家在其职业生涯刚刚开始之际，都是供职于这种充满企业家精神的科技公司。你可以回想一下这类成功的故事。这是你的一个门路，而且是个不错的路子。今天，邦妮认为自己的成功在很大程度上可以归功于自己的团队。她说："我知道自己能做什么，我只能做设计,其他一切都依靠他们了。他们教给我很多。"

当然,在初创公司中,作为团队中的一员,你不能把所有的荣耀据为己有,也不能独揽所有的股份。但如果有朝一日你有了一个伟大的创意,你会发现自己已经做好准备,把这个创意运用到商业实践中去。因此,你不能总是用钱来衡量前期在初创公司的打工经历。

工作与生活的平衡:取决于你的选择

对于一个讨论职业问题的章节,如果不讨论一个老生常谈的话题,就不算完整。这个话题通常被称为"工作与生活的平衡"。毕竟,无论你在对自己进行职业发展状况评估时采用的是我们提出的"命运之域"分析法,还是用其他分析法,你都必须选择在醒着的大部分时间里做什么,还必须选择在非工作时间里不做什么,或者说少做点什么。

请注意,我们使用的是"选择"一词。简而言之,这就是为什么我们喜欢说"工作和生活的选择",而不是"工作与生活的平衡"。在我们看来,前一个说法承认在职业发展过程中,每一个选择都会带来一定的后果,而"决策者"要理解和接受这种后果。顾名思义，"平衡"这个说法意味着工作与生活之间的某种分裂是理想的，而且差不多是各占一半。

事情就是这样。对于一些人来讲，工作与生活各占一半的平衡状态是理想的，但这种平衡状态不适合我们，这是真的，因为我们认为工作是非常有趣的，我们喜欢工作，甚至可以说对工作有热情，我们工作与生活的时间分配比例是工作80%，生活20%，或者说工作70%，生活30%。但再次说明一下，这只是我们做出的一种选择。我们不想让任何人告诉我们应该如何分配我们的时间，我们也不愿意去告诉别人应该怎么设计他们的生活。

我们认为，这种选择基本上是由价值观，也就是个人价值观决定的。如果一个人看重学术论文、学习、独处，看重与一个或两个人保持深刻的友谊，而另一个人看重金钱、名声，看重被人邀请赴宴，那么他们做出的选择肯定不同。同样，如果一个20多岁的品牌经理梦想着在40岁以前成为一位公司首席执行官，并且喜欢周日去跳伞带来的激动兴奋，而一个工商管理硕士为了拥有更多空闲时间抚养孩子而去一家非营利性机构做筹资工作，那么他们做出的选择肯定也不同。

谁能就这些价值观的是非对错做出评价？我们是不能。如果有人喜欢平等分配自己的时间，让工作与生活实现平衡，而且能够承受由此带来的后果，那么我们支持他们。同样，如果有人认为工作与生活的时间分配比例是工作20%，生活80%，或者说工作80%，生活20%，我们同样支持他们。

当然，你可以尝试去公共场合讲一下自己的观点。我们曾经这样做过，但遭到了猛烈抨击。

那是2012年，我们被邀请参加《华尔街日报》在佛罗里达州的棕榈滩举办的"女性与经济"会议上发表演讲。对于这次会议，我们没有什么预定的议程，肯定不打算制造什么轰动性的头条新闻，也不打算发表什么刻薄的博客，但这恰恰就是最后发生的情况，因为我们就如何在工作与生活之间做出选择发表了自己的观点，也就是你刚才读到的观点。更具体地说，我们在那次会议上表示，要想在职场上取得成功，必须投入过多的精力去实现良好的结果，必须敢于承担困难的任务，并且要求你的上司给你做出连贯的、全面的评价，以便更好地衡量你在公司所处的位置。我们还表示如果为了照顾家庭（或为了其他方面的利益）而减少对工作的投入，不能随时投入到工作中去，那么，无论是男性还是女性，这种情况都不会加速其晋升的速度。

第十一章
我的生命应该如何度过

没想到这番演讲竟然点燃了网民的怒火,招致了一连串不利的评论。

但是,有趣的事情发生了。一些知名的女性首席执行官表示她们赞同我们的观点,她们中间的一些人非常公开地表达了赞同。就这样,这场争论悄然退场了。

因此,要淡化这一主题的影响力。工作和生活的选择无非是个人做出的一个选择。每一个选择都会引起一定的后果,包括在社交、经济、情感等方面的后果。需要根据自己的价值观对这些认真权衡一番,其他一切都不过是噪声而已。

看,世界上有一部分人清楚地知道他们想要怎么度过自己的人生。

我们希望每个人收获成就感,而这种感觉又是如此难以捉摸,令我们感到痛苦。

所以,我们如此热情地推荐了"命运之域"分析法来帮助大家评估自己的职业发展前景。这是一个催化机制,可以帮助你摆脱那种不知道应该如何度过人生的绝望与孤独境地,让你找到自己热爱的事情,从而进入一种生机勃勃、令人鼓舞的境地。

所以,要深入挖掘、分析和评估,看看你真的很擅长什么,喜欢做什么，看看哪种理想的工作能够将这两者结合起来。

如果这种分析的结果表明你适合走向创业之路，那么我们建议你做更加深入的分析。你有一个大的新想法吗？你有勇气开创新事业吗？如果没有，那么在拥有令人惊喜的创意之前，自己应该加入哪个年轻的、大胆的初创企业呢？

最后，我们敦促你深入分析如何平衡工作与生活的问题，是一半对一半呢，还是其他比例呢？同样重要的是，问问你自己："我的选择和相应的后果是什么？它们符合我的价值观吗？"

毕竟，回答这些问题的人是你，而做出什么样的回答，最终也会影响你的生活。

第十二章
走出事业低谷

几乎每个人在其一生中都经历过但丁在《炼狱》中描述的情景：一个庞大而干涸的深井里，被遗弃的灵魂们疯狂地寻找出路，挣扎着往上攀爬。

很凄凉，对不对？但也是很熟悉的感觉，尤其是对那些遭遇过事业低谷的人来说。

你能力很强，想领导团队；或者，你很高效，想跻身管理层；又或者你是一个中层经理，觉得自己早就该承担大任。但当你问老板或者人事部门什么时候能如愿以偿，答案永远都是："还没到时候，还没到时候，再等等。"

但你等了，等了很长时间。

这种等待，很煎熬。你热爱自己的工作，也确定自己能做得更好，或许你还会觉得命中注定就要干这行，但是就像但丁《炼狱》中的死魂一样，你备受折磨。

不要绝望。

事实上，炼狱期（包括事业低谷期）总会结束。当你觉得毫无进展、沮丧到极点时，你要在所属的组织内部横向地跳一步，哪怕只是为了那股走出绝境的气势。你还可以辞职，哪怕仅仅是为了换工作。或者，在某些情况下，你能走出低谷期是因为公司对你失去了耐心，慢慢地或者突然一下子就将你排挤出去。这些情况都不太妙，我们都知道。

因此，这一章讲的是如何另辟蹊径，实现你梦寐以求的升职。

这条路好走吗？不太可能。但是你还是可以实现愿望的。首先你需要了解为什么你的事业进入了低谷，要真的了解。之后，你有六个行动选择，可以都尝试，但是两三个足以帮你解围。

不用说，没人愿意改变。一下子做出很多改变，那感觉像是在雨林里晒太阳，浑身不自在。然而，这就像但丁在描述炼狱时所说的那样："这里虽然煎熬，但没有死亡。"

你一定不要让但丁这句话描述的情景变成你的人生。

为什么事业会走向低谷

关于事业低谷，每个人都有自己的故事，有各种因素、各种境遇。

但总体来讲，低谷的原因只有几个，我们会先详细讲述这些原因，然后再讲可以采取何种行动来扭转局势。

事业低谷的第一个原因是，公司提供不了可以让你成长的职位。在你的上边，有一个"拦截者"，这个人通常是你的老板，他自己干得不错，也不打算退休或者改行。老板的上边说不定还有一个"拦截者"。这样的情况绝对让人抓狂，但是在公司里十分常见。罪魁祸首是你的公司、行业，或者是整个经济的不景气、停滞不前甚至是萎缩。在这种情况下，你自然很难获得升职的机会。这种拦截，也存在于家族企业之中，这些企业中最好的职位，人选早已内定。

如果你正面临着这种情况，你真的只有一个选择，那就是判断这种停滞不前的状态你能够忍受多久。必须要明确做出判断，一定要给自己的耐心加个期限。你可以对自己说："如果一年之内没有任何变化，我就要四处打探消息了，两年呢，我就走人了。"

在这个过程中，你还需要考虑你在公司的位置。如果有升职机会，人选有可能是你吗？员工评估中，你是一直得"优"呢，还是只停留在"良"的水平？你是不是名声在外，形象很难改变？你的老板是让最得力的员工升职呢，还是静观其变、坐收渔翁之利呢？在考虑你的"忍耐期限"时，这些问题当中的每一个都很关键。

很重要的一点是，这个期限的长度并没有特定的标准。关键是要基于你的价值观、立场、处境、局限以及公司的未来，要选定一个具体的时间范围。这样，即使低谷期没有结束，如果有清醒的认识以及未雨绸缪的计划，你每天也不至于那么焦虑。

另外一个普遍的原因是，人们错误地认为在工作中"技多不压身"。这样的现象随处可见。比方说，玛丽现在是个很棒的财务分析师，杰夫是个营销高手。在商学院的时候，两人学到的是，上升到高级管理层最快、最明智、最灵验的方式，就是各种职能多多涉猎。他们听到的是："你要在每种职能部门待上两三年，还要走国际化路线，你的能力要十分全面。"

第十二章
走出事业低谷

这多荒唐。是的，确实有公司喜欢这种人才，但更多时候，公司喜欢让那些在自己工作的领域非常非常精通的人升职，而且让这些人一升再升，直到最高层。事实上，如果你是财务高手，你不用花两年时间搞营销来了解营销的重要性。你本来就知道，即使不知道，也可以细心观察。一个在营销上十分有才的人也不需要在业务部门待几年才知道产品质量的重要性。拜托！但是，因为大多数人都认为"技多不压身"，太多很有能力的人跳出了他们最擅长的领域，最终离开也只是咎由自取。

如果你在某一方面确实有天赋，却十分想升职，去从事你不太擅长的领域，就像是一个冰球明星不打冰球去打NBA（美国职业篮球联赛），或者像篮球巨星乔丹去打棒球，其下场我们早就知道了。我们要说的是，不要打篮球却穿着滑冰鞋，因为这样你的事业肯定走下坡路。如果你现在意识到了自己存在这个问题，出路很简单，回到你最擅长的领域，你会很快进入状态，你的事业也会很快出现起色。

还有一个原因是态度问题。好吧，这么说有点委婉，说得难听些就是跟老板不对眼。这些人，在表面上中规中矩，私底下却十分鄙视和讨厌公司或者老板。

不论是书面上还是口头上，研究了这些人十多年以后，我们得出一个结论，这些跟老板不对眼的人很少意识到自己的问题。在他们看来，问题不在他们身上，而在于公司，管事儿的都是傻子、无用之辈，只关心钱，对客户或产品一窍不通，而且同事们也好不到哪儿去，只会拍马屁，一点用都没有。

我们说过，我们并不指望这些人能发现自己的问题，只是侥幸地希望能使你有所思考，这样你离找到事业低谷的原因就不远了。但同时，你的观念虽然没有大的改变，但你也彻底意识到，自己已被困在低谷中。因为即使你很聪明能干，上司也不会让一个鄙视自己的员工升职，这不可能。

不谈这些人了，幸运的是，他们的数量相对较少。我们最后来看一下造成事业低谷的最普遍的原因——业绩。

或者说得更准确些——业绩不佳。

现在，业绩不佳并不意味着你在工作中不够努力。事实上，你可能已经尽心尽力了。但如今的时代，说什么努力重于结果未免太小儿科了，现实是残酷的。

但真正的问题是，在现实生活中，太多业绩不佳的员工不知道自己业绩不好。原因就像我们在第九章中谈到的，是很多上司不告诉员工他们的问题。上司都太忙了，或者他们觉得员工们自己会发现问题，还有些上司觉得自己"心太软"，开不了口。

第十二章
走出事业低谷

这些理由都不成立，事实上，我们之前也说过，对员工业绩遮遮掩掩不仅残酷而且不公平。员工们每天工作八到十个小时，他们有权知道自己表现得怎样，不是吗？

但不幸的是，事实往往并非如此。如果你的公司正在成长，你的上司也没有"拦截"，你也并不是在从事自己不擅长的领域，你跟老板也没有大的过节，也就是说上述所有原因都不会影响你，而你的事业依然进入了低谷期，那你就可以得出结论，在上司眼中，你无法升职就是因为你不够好。

你还不够强大。

我们在这里谈论的强大，不是指性格方面的，事实上，性格方面的强大有时会阻碍你往上爬。你的张扬可能被视为傲慢，或者人们觉得你自以为是或只会吹牛皮。在性格方面很强大的人往往是最先被射杀的"出头鸟"。

不，我们谈论的强大，是拥有能够胜任未来工作的宽度和深度。

对，宽度和深度。

工作细节暂且不论，宽度和深度的结合将会是说服老板的最有力武器。

1. 不只是完成任务，要超额完成任务

有一个问题需要问问自己：每天、每月或者每季度，你能从多大程度上满足老板的期望？你的任务完成了吗？你的指标达到了吗？你的订单填满了吗？

如果你的答案是这些你都做到了，那么很不幸的是，这还不够！

如果想展示宽度和深度，首先要改变的是，不要仅仅满足于完成任务，你还要超越。你必须超额完成。这意味着，每一项任务，你都必须重新界定，使其不断填充、不断具体，而且要变得越来越有趣，这样才能对你的上司有尽可能多的帮助，尽可能帮他省掉麻烦。

记住，老板让你完成一件任务，通常情况下，对于结果如何早已心中有数。他们会认为你将通过做出分析、提供细节或数据，来肯定这个结果，这样他们在向自己的上司汇报时也能更有说服力。或者，即使你的老板心中没有答案，他们头脑中对于这件任务的最终结果也会有个大致概念。

超额完成，意味着将你老板头脑中的预期升华到一个全新的水平。

第十二章
走出事业低谷

有一个案例，两名我们认识的大学毕业生，很出色，经过一年不进则退的实习，最终都进入到了芝加哥的一家猎头公司。后来，他们接受了大约三个月的团队培训，最后，每个人的任务是，客户公司有某个公开竞聘的职位，他们需要列出一份表格，列出合适的人选。

第一个人，我们暂且称他汤姆，对自己的未来还有些迷茫。他的表现，在他的经理看来，处于B与B-中间。汤姆觉得自己还不错，但也明确知道还不够好，不可能让自己安枕无忧。

另外一个，辛迪，毕业于常春藤盟校，看上去光鲜亮丽，曾几次受邀与高层主管共进午餐，很多主管觉得她十分聪明。但她目前的业绩，也就是C-的水平。

随着任务期限接近，汤姆觉都睡不好。他再也不想睡在爸妈的地下室里，更重要的是，他十分向往得到一个长期工作。想着想着，他突然有了一个想法：完成表格会使老板满意，但如果自己能将这一行业的现状更全面更深入地展示给老板，老板肯定会兴高采烈，尤其是自己还可以向老板建议这个行业未来有哪些新的领域会有前景。

所以，汤姆就开始朝着这个方向努力了。他深入发掘，列出了最适合的客户人选，注释中还分析了随着客户公司的成长以及其他因素，这些人选都有哪些优劣势。但汤姆的最终报告中，还有一个关于本行业六家公司的组织结构图，突出显示了其中增长最快的公司。

同时，辛迪找到了客户公司过去的文件，在社交网站上搜罗一番，后来又打电话给她在大学认识的一个行业分析师，她的表格，一看就知道是"走走过场"。

故事的结局你也能猜到，辛迪被调去了别的部门，汤姆留了下来，迈出了事业的第一步，他现在手下都有了两名实习生。差别在于，汤姆意识到：光靠按时完成任务是无法领先于他人的。

要重新界定附加任务，并且超额完成。

2. 我不入地狱，谁入地狱

超出预期是你可以每天都去努力做到的，但是有时，想要得到展现宽度和深度的机会，你还可以主动请缨，解决很难完成的任务。

这个任务得是一项艰巨、高知名度的任务，尤其是别人都不愿意接的任务，像是进行只有老板喜欢的计划，接手人人都说要垮台的合资企业，接手一个效益差、地理位置偏远的制造厂，或者接洽出了名的喜欢刁难人、催命鬼似的新客户。

不幸的是，处在事业低谷期的很多人都主动离这些任务远远的，他们觉得"处境不好，干吗还要雪上加霜"。

这种想法有道理，但当你意识到成功解决一项艰巨的任务后所带来的好处时，你就不这么想了。一下子，你会由跟随者变成领导者，由失败者变成赢家，由可能行变成了肯定行。

对，这项任务也可能失败，但任务失败并不意味着是世界末日，你可以另谋高就，而且简历上还可以多一些能力、多一段经历。

在最顺利的情况下，解决艰难任务的好处是十分振奋人心的。事实上，你可能后悔，为什么等了这么久才发现自己可以胜任如此重大的任务。

3. 脚踏实地，寻找支持者

第三个可以使你走出事业低谷的转变是寻找支持者。你要向公司表明，当自己说话时，有人愿意听，听者可能是你的同事，也可能是你的老板。

幸运的是，如果你完成了第一步，也就是超额完成任务，那么寻找支持者的目标会自动实现。人们一般喜欢听对公司贡献最大的人的话。

所以，大声说吧。

但是，要先准备好再说。

还记得我们在第三章中提到的一位高管吗？他在美国中西部的一家制冷设备制造厂工作，这家工厂最近被一家私募股权基金公司收购。他之所以能改变公司的命运，是因为他发现公司的绩效评估过程没有与运作紧密联系起来，他把自己的发现画成了一张人人都能看懂的表格。

这些能够改善公司或者使个人事业一步登天的见解，并不是随便就能有的。这位人事总监开始就有一种竞争性的思维方式。他一直从公司领导的角度思考问题，时刻问自己："这个项目进展得为什么这么慢？"然后，他去钻研数据，花了好多天的时间。他一直在找一个能使人茅塞顿开的主意，后来他找到了。这次的杰出表现不仅仅使他成为了本公司的英雄，而且那家基金公司的首席执行官也对他刮目相看。

但是，得出结论的过程中，数据只是一部分。每一个行业中，领导都要研究前人积累的大量成果，包括播客、书籍、演

第十二章
走出事业低谷

讲、博客、网络公开课。每天的《华尔街日报》绝不可错过。

世界充满着各种想法,徜徉其中吧,时刻接触新想法,而不是偶尔为之。处处寻找更加聪明的创意,整合你得到的想法,加上你自己的思考和分析,将这些想法升华,将有用的带到你的工作中。

而且,事事都要有你自己的观点,这一点很重要。没人喜欢听一个无感的机器人说话。像微软应该并购诺基亚吗?脸谱和推特的持久战谁会胜利?维权股东的出现对经济来说是好是坏?这些问题,你都要有自己的想法。我们在这里讨论的都是些行业内的重大话题。要是你所在的行业刚刚有一笔大的并购案,你要了解所有参与方,并且对这次并购是好是坏要有想法。如果有报道说你所在公司的竞争对手正在研究一项新的技术,要一探究竟,并且要掌握这一举动对你所在的公司威胁有多大。对于行业内的重要人物,一定要通过媒体或网络及时关注,最后你就会掌握他们对未来的看法,并且对他们的观点做出评价。然后,跟你的团队分享你的想法。

记住,分享你的想法或见解不是为了炫耀你的智商有多高。就像上面提到的用一份表格改变公司命运的人事总监一样,分享的目的是为公司的成功做贡献。

如果你分享了，人们会仰视你，很快，人们也会觉得你的事业会"往上走"。

4. 一定跟上最新科技

接下来的转变当中，我们主要针对的是 40 岁以上的人群，不，改成 35 岁以上吧。实际上，我们针对的是任何认为技术只属于"孩子"，因而放弃技术的人。

大错特错。如果跟不上最新科技，那么在关于公司重大战略问题的会议上，你的位置绝对是保不住的。跟不上最新科技就意味着事业低谷。

几年前，我们面试了几个广告机构的代表，看哪个最适合代理我们的在线工商管理硕士课程。进入正题后，我们很快就发现所有的面试最终都归结为关于几个重要技术术语的讨论，像 CPM（每千户价格）、CPC（每次点击费用）以及 CVR（客户转化率）等等。我们跟一个候选的广告代理商谈到了这个问题，其中一个灰色长发的人苦笑了一下，说："现在是技术咖统治世界的时代。"

确实是这样。虽然广告现在还有一些艺术品位，但相比以

第十二章
走出事业低谷

前的那些精彩的超级碗广告，这个行业越来越依赖科技以及数据分析手段，像A/B测试、客户转化率优化、归因建模等各种各样的技术"魔法"。这种转变对于20年、10年，甚至是5年之前加入到广告行业的人来说，十分突然。如果你想出人头地，你就必须赶上现在不断更新换代的技术创新潮流。

各行各业都是如此。你必须逼自己学会你不懂的事物，即使你觉得像看天书，很可怕。否则，需要讨论最新技术的时候，你很难插上嘴，只能坐到一边喝凉茶，而且很快，你可能就得卷铺盖走人。

有个关于一名主管的案例，我们认识她已经几十年了，我们暂且叫她琳达。

那是在2011年。当时琳达55岁，在一个市值5亿美元的制造公司里管理人事，公司有200多名销售人员，负责把公司生产的设备卖到全国各地。她很爱自己的工作。负责管理的团队很棒，而且与她之前工作过的地方不同，琳达觉得这家公司的首席执行官真正重视人事在重大决策中的重要角色。

但是有一件事情让琳达十分担心。最近，每次高管层开会，最后都要讨论从公司最新使用的新的客户关系管理系统中获得的信息。笼统地说，琳达能理解这个系统的好处，但是她觉得同事们对这个新系统比自己要熟练。渐渐地，她明显感觉到差距，因为她的同事们都知道每位销售人员的业绩，而她不知道。

后来有一天，琳达对这个新系统不熟悉的问题终于暴露出来了。研究最近的一个客户关系管理报告中的数据时，她的同事们开始讨论东北区的销售经理是否应该调到别处，或者干脆辞退。琳达使用的传统业绩评估数据显示，这位经理非常能干，而且他的团队和客户也对他一致好评；但其他同事采用的最新数据显示，他现在没有新的客户，进入了职业瓶颈期，而且他的团队也是如此。此外，在公司刚刚实行的新产品战略中，整个东北地区显然是表现最差的。

这次会议后，琳达慌了阵脚。一方面，她很庆幸，会上没人问她的观点，她的数据确实太陈旧。另一方面，没人问这一点可不是个好兆头。

第二天早上，琳达找到了公司营销总监，接下来的两天，她开始学习操作新的客户关系管理系统。第一天，在内部学习；第二天，向系统的供应商学习。她还找到了营销副总监，教她分析最近的客户关系管理报告，也就是那次会议上讨论东北地区销售经理时提到的那份报告，报告中突出显示了与公司的战略目标关系最密切的数据流。琳达对每一页上的每个数字几乎都要探究，学习持续了好几个小时。

琳达告诉我们："我想彻底掌握这个系统的操作方法。当时我的确需要这样做，不然，我就变成了公司里一个可有可无的人，没人会再重视我了。"

我们在这里要说的，显然不是客户关系管理系统的操作问题，而是说你每天早晨醒来的时候都要问自己，在你从事的行业中，有哪些技术你没有掌握，而且要提醒自己，这个欠缺是致命的。琳达当时可以把自己关在人事部门，只关心早已驾轻就熟的人事部门问题，但在今天的商界，这无异于举白旗投降。现在，琳达又能自信地坐在高层主管会议桌上了，而且，只要你了解到，跟上最新技术不再是一个选项，而是一种必须，你也会像琳达一样。

5. 三人行必有我师

当然，有时候，扩充你的知识面（不论是在技术上还是在其他能力上）仅仅有琳达强烈的好奇心还是不够的。事实上，有时你需要回到学校，拿个高级学历，拿个证书或者是参加个研讨会等等。如果你能够在保住全职或者兼职工作的同时，还能去上课，那我们非常支持继续教育，尤其是考虑到当下的经济。如今的时代，谁都不想自己的事业半路夭折。

但如果你做不到，我们也还有第五种转变，能使你走出低谷，而且即使你能接受继续教育，也不妨碍选择第五个选项——把身边每个人都视为自己的导师。

是的，导师，说这话时不免要犹豫一下。

因为，"导师"这个词现在很流行。父母、叔叔、阿姨、就业指导员、研究领导力的专家等等，每个人说的话都一样，那就是要在你的公司里找到一个VIP式的重要人物，与他搞好关系。有了他的建议和保护，你只需要安静地坐着，等待你的事业腾飞。

问题是，千里马常有，而伯乐不常有。伯乐只有在遇到一名年轻有为的员工，能力十分出众，前程一片光明，而且两人气场又非常合拍的情况下，才会成为伯乐。比如，拉里·萨默斯在雪莉·桑德伯格事业开始的阶段就扮演了十分重要的导师角色。两人在哈佛大学结识，当时拉里还是一名教授，而雪莉则是他的得意门生。后来拉里进入了世界银行，他把雪莉招了进来，再后来，拉里到了财政部，又把雪莉招到了财政部。人们都知道，虽然拉里在雪莉的事业中一路扮演导师的角色，但

第十二章
走出事业低谷

雪莉强大的思考能力和敏捷的领悟能力，也对拉里的事业做出了重大贡献，两人对彼此的贡献不相上下，谁也离不了谁。

所以说，你父母希望你能遇上的那种导师，是存在的，但很难找，很难，很难。

因此，我们强烈建议你，不论你现在的事业处于哪一个阶段，都将身边的每个人当作你的导师，不管年龄大小，不管他是不是在你所在的领域。在周围的导师中，寻找优秀的品质。如果你周围有一个很会演讲的人，向他学习，并把学到的运用到你自己的讲话中。如果你部门里有一个经理很会带新人，向他学习技巧。如果你的同事或上司非常善于组织会议，将他看作你的导师，虚心请教。

其实，每个人都知道些你不知道的事。

找到这些你不知道而别人知道的事，虚心学习，这样你的工作就会更有效率，表现就会更好。每天工作之前，你都要沉下心来，为要做的每件事找到更好的方式，不管是一些琐碎的事还是重要的事。虽然不可能立竿见影，但慢慢地，你的宽度和深度都会有很大提高。

你的事业也会的。

6. 爱人者，人恒爱之

我们要建议的最后一个有助于你摆脱事业低谷的策略是最困难的，那就是要爱每个人。

爱每个人显然与我们刚刚描述过的找导师的心态很不同。找导师的心态，是要了解你所有同事的智慧，整合起来，并为你所用。

而爱人呢，可不是仅仅依靠智慧就能办到的，要用心。

人类学家会告诉你，我们人类自从诞生之际，就分成了不同的部落，而我们为了保护自己的利益，就会联合盟友，一致对抗敌人，为了了解部落里的生活，我们开始家长里短。这些人类学家基本上都会告诉我们，诸如说长道短、指手画脚、窃窃私语、互通有无、结党营私、策划阴谋、宫廷争斗等行为，都是人性使然。

但即便如此，我们也坚决不能做这些事。

我们知道这很难。上面提到的各种"罪名"我们几乎都犯过。我们说长道短，我们指手画脚，我们窃窃私语，我们无所不为。但所有这些对我们一点好处都没有，因为这些对每个人都没有好处。

第十二章
走出事业低谷

那么，接下来就是另外一种途径，一种真正有效的途径。你要尽自己最大努力，做到在谈论别人的时候，除了积极的方面，其他一概不说。别鬼鬼祟祟地跟别人拉帮结派，别在别人背后捅刀子或者耍手段。刚开始时，你不加入任何派别，可能让别人很困惑，但路遥知马力，日久见人心，久而久之，人们最终会了解你的人品：你很可靠。人们会看到，你是一个脚踏实地干工作的人，而不是一个满怀心计想掌控别人的人。

正直加上领导力，要想升职绝对不费力。

但丁写道，身处炼狱中的人，会千方百计想逃脱。

身处事业低谷的人，这种感觉一定很强烈。

我们的目标一直是给出6种行动计划，我们相信，这些行动能提高你的宽度和深度。希望你们能全部用上，或者只用其中几项也可以，认真开始吧。

因为走出低谷会极大改变你的生活，你将会记起当初来公司的初衷，是为了成长，是为了成就感，是为了创造自己精彩的一生，是为了享受生命。

如果你停滞不前，这些目标你一个也实现不了。所以，不要仅仅完成任务然后逆来顺受，而要超额完成然后有更多期待。

要有"我不入地狱谁入地狱"的精神，再不济也无非当是积累了经验，但如果顺利的话，你个人的声誉会有很大转变。寻找有见地有想法的支持者，使自己说的话能被别人听到。不要把技术当作是年轻人的专利，不要因为年龄放弃学习新技术，把自己当成一个年轻人，努力跟上最新技术。把每个人当作导师，努力从别人身上汲取智慧。最后一点，尽管很难，但也要做到，那就是：别再耍手段、唠叨不断，要心存善念，时刻鼓励别人。

爱人者，人恒爱之。

第十三章
心若在，一切就在

在本书最后一章里，我们探讨一下事业的开端。

事实上，几乎没有任何一份事业的发展会完全符合预定的计划。至少根据我们的了解，在事业发展过程中，难免会遭遇坎坷，而且通常不止一个。换句话讲，我们大多数人都会在某个时间换工作，在长达四五十年的职业生涯中，我们可能会换一两次，甚至可能好几次。有时是我们自愿的，有时则不是。再到后来，我们就退休了。

每一次结束都意味着我们重新站在了起跑线上。

这多好啊。

重新开始使我们能够再造自我。每一个结局都意味着全新的开始。这多好啊！是的，我们就是这个意思。重新开始让我们彻底改变自己，擦净画板，再描绘出一幅全新的杰作。还有什么比这更令人兴奋呢？即便我们面临的局面不是自己选择的，自我再造也会为我们提供新的成长机遇，帮助我们创造一个更有成就感、更丰富多彩的生活。如果用其他方式看待一段事业的结束，比如用忧虑、恐惧或憎恨，也属于人之常情，但这些消极情绪往往会给我们带来挫败感，对我们有百害而无一利。

最近，我们中的一个人去康奈尔大学为一些商学院女学员发表演讲，主题是"我希望我 21 岁时能知道什么"。第一个就是：你不会失败。我们说，你当然可能会失败，你运作的项目可能会搞砸，你雇的一个傻瓜可能毁掉你团队的气氛，你可能会被要求收拾收拾桌子走人，你可能退休，然后一觉醒来发现自己迷茫、疲惫和无聊。这都没关系。心若在，一切就在。

不要让一次结束阻碍你前进的脚步。每一次结束都是一个重新开始的机会，让你变得更聪明，更有经验，更勇敢地继续走下去。

我们传递的"你不会失败"的信息令康奈尔大学的听众有点震惊，因为他们经历的世界——以及我们经历的世界——似乎就像一个巨大的"拒绝机器"，随时都有可能让人碰壁。

其实没有"拒绝机器",只有生活。只要不到最后一刻,生活就不会结束。我们所说的"最后一刻",指的是生命的结束。

在"最后一刻"到来之前,每一次事业结束,你都可以选择退缩或崩溃,也可以选择坦然地接受,什么都不做。

每次结束都是让你焕发生机的"邀请"。

浴火重生

这种"邀请"一般会出现在三种情况下。我们先探讨一下最糟糕的一种状态——离职。

好吧,"离职"是一种有点委婉的说法。你心里清楚地知道离职意味着(即使你不能大声说出那两个字),你已经被解聘了。虽然现在遭到解聘的现象比以前常见多了,但这仍然是一种痛苦的经历,充满了悲伤、尴尬和愤怒。

它可能让我们陷入瘫痪。我们可能心想:"我无处可去了,一切都结束了。"

但实则非然。我们看看格雷厄姆的故事。

格雷厄姆在一个地区性的品牌传播公司担任了将近15年的高级公关经理,但到2010年某天上午,他被解雇了。

他给我们打电话说他被裁掉的消息时，不停地重复道："我很震惊，这种事情怎么会发生在我身上？"这个问题的答案其实很简单。格雷厄姆并非业绩不佳，他的业绩排名位于公司前40%以内，但他的薪酬是一个大问题。由于他在公司任职时间太长，他的薪酬可能比同类岗位的平均水平高出35%。如果用一个新人取代他，不仅薪酬更低，而且这个新人还可能会更加雄心勃勃地开创新业务，提出新思路。因此，当经济增速放缓、公司盈利下降时，格雷厄姆就成了首批的解雇对象。

然而，他之前并没有预料到这一天。你或许能料到他的反应，他不敢相信这一切竟然是真的。他对我们说："我再也不敢出门了。这个城市的每个人都知道我被解雇了。"这句话有点戏谑的味道，却又不全是戏谑。

看，正如我们前面所说的那样，在被解雇之后，失落一段时间是人之常情。有时候，甚至会失落到精疲力竭的程度。但我们认为解雇可能是一种"严厉的爱"，虽然有点残酷，但反而会激发你的斗志。伤感、哭泣、愤怒，好吧，没问题，但之后你必须鼓起勇气和毅力去结束"同情聚会"[①]。我们教堂里一

[①] 同情聚会指一群具有不幸遭遇的人之间以相互慰藉、走出阴影为目标的聚会。——译者注

位聪明的女士曾经说过："同情聚会的问题是，经过一段时间之后，你会注意到那儿只剩你自己了。"

毫无疑问，有很多方法可以帮助你克服被解雇之后的忧伤，这样你可以尽快地开始自我再造。这些方法包括征求他人意见、与朋友和家人在一起、运动、祈祷、冥想，或者给自己"重新振作起来"的心理暗示。这种心理暗示具有悠久的历史，效果很不错。不过，根据我们的经验，你必须首先承认和直面现状，之后才能真正迈向下一步。

没错，要先承认被解雇的现状。你需要明白为什么会被解雇，并承担自己应该承担的责任。你可以回想一下，在第二章里，我们谈到了为什么要勇于承认和直面竞争失利的现实（比如，推出一个新产品后销量不佳）。在这里也是一样，只不过这次分析对象不是产品，而是自己。

现在，我们都知道，把不如意的现状归咎于其他人或其他事物是很自然的，比如，归咎于愚蠢的老板、阴险的同事或糟糕的经济。然而，这种怨天尤人的做法如同其他消极想法一样，只会导致我们一直停留在悲伤的气氛中，导致我们无法从被解雇一事中吸取教训，无法将失业作为继续前行、改善现状的跳板。

因此，要直面现实。你可以从自身角度去找原因，比如"我之所以被解雇，是因为我错过了太多的最终期限，老板对我丧失了信心"。或者"我之所以被解雇，是因为我对公司的产品从来都没有信心，这种态度表现得太明显了"。或者"我每个季度的业绩都能达标，但我不习惯于跟别人分享观点"。

即便你被解雇不完全是因为自己的原因，也要尽量把自己的原因找出来。

格雷厄姆最终正是这样做的。他说："经济环境不好，整个行业都遭殃了，我们公司也不例外。但我心想我任职时间长，应该能对我起到保护作用。我太无知了，我应该考虑到整个公司的状况，像首席执行官一样去思考问题。真实情况却是我任期太长，公司出于减少成本的考虑，肯定会先裁掉我，因为我不能开创公司所需的新业务了。我没有留下来，是我能力不足导致的。"

承认和直面自己的结局就像洗了个冷水澡一样，会让你顿时打起精神，充满动力，促使你纠正过去的错误，然后再度启程前行。这会让你更加精明，更加了解自己，变得更好。

如果说沉闷乏味曾经是格雷厄姆的弱点，那么你永远不会在他身上看到这一点了。经过一段与世无争的调整之后，他开办了自己的公司。今天，他积极热情地追求客户的情景会让你想起"饿狼扑食"的情景。他去年的营业收入是150万美元，而且刚刚把业务拓展到了第二个城市。

如果他任由失业的阵痛困扰自己，那么这一切就不会发生。相反，他克服了阵痛，开创了新的事业。

新公司，新标准

第二种促使你再造自我的情形就是换公司。

嗯？

你可能心里犯嘀咕了，为什么换公司有助于自我再造呢？如果你被一个新公司雇用了，那么你肯定已经具备了这个新公司要求的素质。如果你在公司被并购之后进入了一个新公司，那么这表明你的素质符合新公司的要求。既然如此，为什么还会再造自我呢？

没错，这样想也没错。但有一点要注意：加入一个新公司（无论是通过招聘，还是通过公司并购），就如同入籍他国一样，你唱完他国国歌之后并不算完事，你还不能称自己是当地人，因为你还必须学习很多很多的新东西，包括新的语言、新的风俗、新的人、新的法律和新的惯例。此外，新的文化中还有许多你无法看到的微妙之处。

因此，不要认为自己可以继续原先的思维方式和行为方式。在新公司，你要放下自己的防御心态，迎接潜在的变化，你会遇到学习和成长的机遇。你要考虑一下这些机遇，甚至要拥抱这些机遇。

不，我们不建议你放弃真实的自我，放弃个人价值观，或放弃多年积累的宝贵知识。放弃这些纯属无稽之谈。相反，我们建议你利用自己在新公司的"公民身份"增强和扩展你的技能，尝试一下新的行为方式，改变自己之前的做事方法。

请看一位高管的例子。这位高管曾经参加过我们举办的一个为期两天的领导力论坛。他几乎全部的职业生涯都奉献给了加利福尼亚州纳帕谷的一个葡萄酒公司。后来，当该公司被欧洲一个大型企业集团收购时，他正负责销售事务，管理着一个由100名销售代表组成的团队。一方面，这次收购对这位高管而言是个好消息，因为新公司承诺将为销售部门投入大量新资源。另一方面，新公司指派了一个由欧洲人组成的管理团队。我们这位高管觉得，这个新团队有点冷酷，不受人欢迎。他们禁止在开会前讨论体育比赛，撤掉了公司广受欢迎的餐厅，而且制定

第十三章
心若在，一切就在

的很多客户服务规定也让很多老员工感觉冷漠和缺乏人情味。

难道一场职业灾难就要来临了吗？

其实并非如此。在这种新形势下，这位高管决定再造自我，而不是辞职。他喜欢纳帕谷，他相信公司的产品，他觉得新公司或许能够为自己和整个公司创造一个美好的未来。所以，他摒弃了那种"这不是我们之前的做事方法"的态度，开始认真探求每个新做法背后的"为什么"。在公司开会和私人聊天中，他总是虚心请教，以温和的语气提出自己的问题，比如："你能帮我了解一下我们公司新预测方法背后的思路吗？"或者："你能否为我讲一讲为什么那样评估中西部市场，因为我觉得这种评估结果很新颖，令人很激动。"换句话说，这位高管暗示了他渴望融入公司的新项目，并且愿意为此投入精力，表现出了开放的心态。

因此，在面临新问题时，发出惊喜的"哇"比发出忧伤的"哎"更有助于取得胜利。当然，你原来的方法和优势可能仍然适合你，但那毕竟是以前的事了。

在这个基础上，你会发现你的新公司会帮助你实现由内而外的蜕变，让你发现自己全新的一面，让你以开放的心态迎接变革。

欢送会后，退而不休

现在，我们看看第三个再造自我的时机，即"退休"之后。

对于我们大多数人来说，退休时的情绪与被解雇时的情绪恰恰相反。退休是含着喜悦泪水的告别。

告别例行公事；告别无尽的会议；告别控制着你时间表的人；告别工厂和生产率要求对你的无情摧残；告别做了那么久的电话营销；告别一边坐在航站楼地板上等飞机（而飞机在芝加哥已经晚点了），一边给手机充电的日子。

你终于拥有了属于自己的时间。

可能在退休之前，你的知识已跟不上公司发展的要求。比如，在很长一段时期内，你没有新创意，也无法为公司的业务建言献策。也许你已经过了正常的退休年龄，却还没有退居二线，但环顾四周，却发现自己已经成了很多年轻人的"拦路虎"，他们在等着你退休，你退了之后，他们的事业才能更上一层楼。对于这些人，你负有责任，你是知道这一点的。

因此，静静地退了吧！

但要退而不休，要再造自我。

告别公司之后，要尝试着做一些大的、新的、有意义的事情。

第十三章
心若在，一切就在

如果你之前从来没有利用我们提出的"命运之域"分析法去分析自己，那么退休后就是自我分析的好时机。你可以重新回到学校，学一点你需要学的知识。找到一个新爱好，创造出你一直渴望的那种生活。

你可以向格雷厄姆那样开办一个新公司，可以在自己熟悉的领域，也可以在全新的领域。你可以购买一个品牌的特许经营权。你可以成为一个初创公司的合伙人，让自己积累数十年的知识继续发挥作用。你可以做志愿者，投身于一项新的事业，给自己的心境带来一些改变。

一定不要停止成长的脚步。

你可以打打高尔夫球，种种花，在自己国家四处走走，到世界各地逛逛，写一本小说等等。你之前期待却没有时间做的事情，现在都可以做，要像躲避瘟疫一样避免让自己的生活陷入一潭死水般的停滞状态。正是因为生活陷入了停滞状态，很多人退休之后总是想念过去，想念一段永远不会回来的时光。

这对任何人都没有好处，放弃这种状态吧。

退休之后，要把自己的精力用到一个完全不同的地方。退休使你活在过去，再造自我则会让你活在当下和未来。

事实上，我们两个人都是在 2001 年退休的（好吧，其实是一个人退休，另一个非要跟着走）。退休后，摆在我们面前的是一个未知的领域，是一个迫切需要探索的领域。我们确实去探索了，特别值得一提的是，我们推出了在线MBA课程。我们变成了企业家！这就是再造自我的全部意义所在。要知道，我们之前从来没进入过这个领域，从没有做过这件事。

显然，退休后开创新事业并不是我们两个人的专利，绝对不是。我们知道很多人退休后都做起了"第二职业"，而且取得了不小的成就。百事可乐公司的安迪·皮尔森（Andy Pearson）、美敦力公司的比尔·乔治（Bill George）以及安进公司的凯文·沙拉尔（Kevin Sharer）从美国企业界退休后，都到哈佛商学院教书去了。在巴尔的摩金莺队效力21年的美国职业棒球大联盟球员小卡尔·瑞普肯（Cal Ripken Jr.）在2001年退休后开办了一个公司，这家公司包括两个面向儿童的体育馆，能够举办大型演讲会和录制电视节目。他还拥有两个小联盟球队。小卡尔·瑞普肯在40岁时就退休了，而之后一个新的故事刚刚展开，你会觉得他就是一个传奇人物。

像这种再造自我并不是首席执行官和体育明星们的专利。我们最近遇到一位保险行业的企业家，他卖掉了公司，退休了，然后到学校学习理疗去了，为的就是做一名理疗师。现在，他

第十三章
心若在，一切就在

供职于纽约特种外科医院，生活从来没有像现在这么幸福过。我们认识一位纽约警察，他退休后变成了"业主代表"，帮助业主监督复杂的建筑项目，而且干得很成功。一位退休的植物病理学家在洪都拉斯开办了一个咖啡农场。一位退休的医疗行业高管去了神学院。一个信息技术部门总监退休后变成了爵士歌手。

我们可以继续列举很多很多例子，但这些例子的意义就是为了说明一点：职业生涯有结束的时候，而生活不会结束。

职业生涯的结束只意味着可以开始新的生活了。

好吧，我们承认有些事情肯定会结束。

比如，这一章到这里就要结束了。

再比如，这本书到这里也要结束了。

商业，是地球上最伟大的游戏。我们的目标就是让这本书成为你在商海博弈过程中的伴侣。因此，从开始到现在，我们讲了很多方面的问题。我们说过，谁都不能凭借一人之力做商业，它归根结底依靠的是团队力量。再次感谢您让我们成为你团队的一分子。

为此，关于竞争和战略、全球化和增长、金融和营销等问题，我们知无不言，言无不尽。我们提出把探求真实和建立互信作为提升领导力的灯塔，打造一个卓越的团队，管理"天才、流浪汉和小偷"。我们分享的观点或许能让你的工作变得有趣不少。最后，我们深入探讨了你的职业生涯，我们希望能够帮助你明白你应该如何做，如何进步，如何确保事业不会真正结束。

因为工作是伟大的。工作就是生活！我们就是这么做的。

每天，都让自己变得更好！

致谢 THE REAL-LIFE MBA >>>

我们在本书中指出商业依靠的是团队力量。嗯，写书也是一样。谢天谢地，我们在过去 10 年间得到了很多朋友的帮助。这些朋友，智慧、勇敢、慷慨、有创造力、有才华。你们帮助我们形成了本书中的一些理念和实践，我们爱你们，感谢你们。

你在本书中读到了很多公司领导者和企业家的故事和见解，这些人包括：戴夫·卡尔霍恩、方华德、乔·德安基罗、迈克尔·彼得拉斯、丹尼斯·吉普森、斯科特·曼尼斯、文迪·邦加、保罗·普雷斯勒、邦妮·威廉姆斯、乔伊·莱文、迈克尔·泽里夫、苏·雅各布森和格里夫·朗。你们每个人都是智慧的灯塔，我们知道你们的经验为你们的追随者提供宝贵的指导，指导着他们走过漫长、曲折甚至偶尔磕磕绊绊的道路，最终走向商业成功。我们还非常感激其他对本书做出贡献的朋友们，由于多种可以理解的原因，他们让我们在本书中隐去他们的真名或全名。

在过去十多年间,很多人的言语和行动让我们变得更聪明了。私人股权投资公司克杜瑞公司的唐·果戈尔(Don Gogel)堪称是私募行业的大师,他教给我们很多与行业动态和交易有关的知识,同时在合伙人管理方面表现出了高超的水平。IAC集团的创始人、首席执行官巴里·迪勒(Barry Diller)一直是非常完美的商业合作伙伴,他那深刻的见解、充沛的精力和不惧竞争的魄力让我们学到了很多关于企业家精神和在线业务的知识。《人才管理大师》(*The Talent Masters*)一书的作者之一比尔·科纳蒂(Bill Conaty)曾经在通用电气公司做了20年的人力资源管理工作,他一直是我们的亲密朋友和商业伙伴。他在无数次对话中分享过他对人力资源管理的深刻见解,为我们提供了启发,本书中很多段落都体现了他的思想。

这本书的很多故事和想法都来自我们与斯特雷耶大学杰克·韦尔奇管理学院的教师、职工和学员之间的对话。这些对话非常富有成效。我们感谢斯特雷耶大学杰克·韦尔奇管理学院的院长安德里亚·巴克曼(Andrea Backman)以及该学院首席执行官迪恩·西佩尔(Dean Sippel)将这个学院打造成了一个激动人心的机构。我们还感谢斯特雷耶大学董事会执行总裁罗伯特·西尔贝曼（Robert Silberman）及其首席执行官卡尔·麦克唐奈（Karl McDonnell），感谢他们对我们学院的坚定支持。

"命运之域"这个词语，我们最初是从特里·史密斯（Terry Smith）那里听到的。他是新泽西州奥兰治县一个教堂的牧师，著有《十戒：你如何评价自己的生命》（Ten: How Would You Rate Your Life?）一书。他在一个周日的早上到我们所在地区的教堂发表演讲时提到了这个词语。我们感谢你，特里牧师，是你慷慨地允许我们借你的理念，并根据商业语境做出了调整。

我们还要感谢霍利斯·海姆鲍奇（Hollis Heimbouch）。他供职于哈珀·柯林斯出版集团商业分社。这是一家非常优秀的出版商。本书从成稿到付梓，霍利斯编辑付出了艰苦的努力。她很优雅，很幽默，也表现出了高超的编辑技巧。她是一位非常棒的编辑！威廉姆斯–康诺利律师事务所（Williams & Connolly）的鲍勃·巴内特（Bob Barnett）也为本书的推出做出了很大贡献，我们谨表感谢。

杰克·韦尔奇管理学院营销总监梅根·斯拉托夫–波克（Megan Slatoff-Burke）还为我们的稿子进行了润色，其独到的眼光让本书更出彩。

每个团队都需要一个欢呼的时刻。我们很幸运有一个伟大的团队——家庭。感谢你们忍受了我们的抱怨、哀叹和牢骚,并在最后成功之际与我们一同庆祝。

最后,如果没有罗塞娜·博得斯基(Rosanne Badowski)的宽容和坦率帮助,这本书不可能完成。罗塞娜从1988年就加入了杰克·韦尔奇的团队,担任助理。是的,1988年。今天,她仍然发挥着重要作用。谢谢你,罗塞娜。我们保证,不会再出书了。

至少今后几年不会了。